科技法學探索系列 10　范建得教授 主編

地理標示
保護趨勢與國際辯論

Protection of Geographical Indications :
Trends and Debates

Farm to Fork, and then... the Court !?

微醺餐桌，究竟是如何演變成為法庭論戰，

好奇的話，來看看這本以「酒」為名的法律小故事吧！

吳靖方————著

導讀：針對地理標示議題，當今最詳細的歐、美司法實務研究

一聽到「地理標示」（Geographical Indications），你會想到什麼？說文解字是把地理、地名標示起來？……是路標的意思嗎？

其實生活中，我們常接收到與地理標示有關的產品資訊，臺灣身為蘇格蘭威士忌的大消費國，「蘇格蘭威士忌」就是一個地理標示。我們會去池上旅遊，看著美麗的稻穗，並且感受到池上米有特殊的風味，值得花較貴的錢購買，「池上米」這幾個字也是地理標示。我們可以說，如一個產品自某地方產出，且正是該地方的自然或人文因素，造就此產品的品質、特性或聲譽，這樣的產品與產地連結，就是地理標示要彰顯和保護的標的。

在臺灣加入世界貿易組織（WTO）後，這個法律概念更值得多加關注。WTO 規定會員都必須立法保護地理標示，但用什麼方式保護，可以自己選擇。因此，臺灣便選擇與美國相似的方式：在商標法中新增規範，並承認「產地證明標章」與「產地團體商標」兩種類型。在臺灣，我們把地理標示設定是商標的一種。上述提到的蘇格蘭威士忌，英商蘇格蘭威士忌協

會已在臺灣註冊為產地證明標章，池上米也確實由池上鄉公所註冊為產地證明標章。這些商標權人可以排除其他人仿冒自己的產品，維護自己的商業利益。

然而對歐盟來說，地理標示不只是商標，必須另外設計「特別權利」，另立法律保護。歐盟認為，地理標示要保護的，不只是消費者不會混淆誤認商品來源而已，而是透過地理標示這種標章，展現並保護一地的風土或技術。歐盟對地理標示的重視，背後也隱含著歐盟官方對在地農產品保護的想法，或者歐洲各國（尤其是義大利、西班牙、法國、葡萄牙，這幾個農產品及農產加工品世界知名的國家），對藉由保護風土、發揚當地食物，在國際貿易市場中展現國族特色的企圖心。

歐盟與美國對地理標示態度的不同，以及法律規範的差異，自然也影響到歐盟和美國地理標示侵權的司法判決——這就是本書要談論分析的重點。

本書耐心地展現歐盟和美國兩套不同的法律系統，並整理了歐美最新的司法判決，探問地理標示的保護範圍，在歐美兩大不同法律系統中的差異。另外，雖然我們普遍認為歐、美對於地理標示的態度和法制安排差距甚大，但本書從司法判決中，竟然也找到歐、美對地理標示議題的交集之處。至於交集是什麼，就賣個關子，邀請讀者一定要繼續閱讀本書。

本書每一章都有豐富參考價值，第一章緒論釐清地理標示的定義及歐美兩種法律體系；第二章詳細介紹歐盟的地理標示保護制度，以及地理標示侵權的司法實務判決；第三章則相對

地分析美國的制度與實務運作。第四章回到臺灣，從歐美法制的衝突和交集中，提供臺灣未來的立法方向。

在這裡我想特別強調，地理標示不是離臺灣很遠的議題，臺灣一直積極希望與各國洽談自由貿易協定（Free Trade Agreement, FTA），而目前許多國家的自由貿易協定內容裡都包含地理標示。我國與紐西蘭簽訂的自由貿易協定中，也早有許多與地理標示保護有關的約定，甚至牽涉到必須修改國內法令的義務。至於歐盟，目前對保護地理標示的態度堅定，因此所有的對外自由貿易談判，都一定要包含地理標示的協商。歐盟希望藉此保護自己境內的農產品及農產加工品，也推廣歐盟的地理標示理念。面對這個地理標示的熱門議題，臺灣又怎能置身事外？我們絕對需要更多法學研究，來理解分析地理標示議題。

本書作者吳靖方律師，為清華大學科技法律研究所畢業之優秀法律人才，具備智慧財產權法堅實的基礎，以無比的耐心與細心造就本書。身為指導教授，我可以很有自信的說，本書探討地理標示歐、美司法實務的最新趨勢，絕對是臺灣當今最詳實最豐富的一本。不論對學術工作者，從事農產品的在地生產者或管理者，或者從事司法實務工作者，都有參考價值。

地理標示議題的討論，看一看容易餓，這時候你可以倒杯美國納帕谷的紅酒或蘇格蘭威士忌，泡杯日本宇治抹茶、印度大吉嶺紅茶、或北埔膨風茶，切塊帕瑪森乳酪、或義大利聖丹尼爾火腿。喔，順道一提，我以上所提到的食物和飲料，全部

都是地理標示，在臺灣全部都已經登記，受到商標法保護！

洪淳琦

（清華大學科技法律研究所助理教授；美國哈佛大學法學
碩士；英國倫敦大學瑪麗皇后學院法學博士）

自　序

　　地理標示與美食總是難以分離，讀著讀著，所思所想經常會環遊世界，這是它的迷人之處，也是其魅力所在。

　　講起我與地理標示的緣分，絕對是大學時第一次聽到地理標示，那個不可置信的反應。當時的我只覺得歐洲人簡直是瘋了，喝個酒話怎麼可以這麼多！這件事現在想起來真的特別好笑，我想，最不可理喻的大概就是我自己了，畢竟才剛嫌棄完歐洲人喝酒話多，自己卻天馬行空，花了一年的時間把這個議題寫成一篇七萬字的論文，現在甚至還要出版成書！不過，真心希望大家不要嫌棄我的厚話（台語），先倒上一杯威士忌、再翻開這本書，聽我娓娓道來這個以「酒」為名的法律小故事。

　　地理標示，經常存在於生活中，卻不常為人們所注意。大多數人對地理標示的第一印象，不外乎就是來自於歐洲的美酒，不過，即使大家都好酒，卻少有人願意花一點時間，去聆聽有關一瓶酒的故事。

　　在品酒文化盛行的歐洲，「地理標示」是一個非常日常的詞彙，但這個與「地名」息息相關的議題，在臺灣卻少有人注意。不過，我並不覺得是因為不在意，更精確來說，比起地理

標示，臺灣可能更習慣另一個比較接地氣的說法：「土產」。我們總是會為遠道而來的朋友備上一些來自家鄉的名產，偶爾還會多嘴上兩句，告訴他們這是只有家鄉才買得到的「道地」口味。

「產地」是我們日常生活經驗，也是聊天的話題，說到新竹就想到新竹貢丸，說到池上就會想到池上米，漸漸地，「產地」讓大家有了共識，進而產生共鳴。不過，有意思的是，大家總是聊到、談到，卻少有人真正去發覺或認識到自己對於「產地」的依賴，以及這些「地名」對於生活的意義。

在國際上，地理標示的討論一直都是不溫不火，其中的原因離不開歐盟與美國在地理標示與智慧財產權議題上「既衝突、又合作」的微妙關係。由於歐盟與美國在地理標示議題上有著不小的認知落差，卻又得在智慧財產權議題上維持同盟關係，這讓地理標示辯論變得暗潮洶湧，尤其是在 TRIPS 之後，即使歐美對於地理標示定義之爭，已於檯面上畫了休止，實際上地理標示談判僅是從多邊協定，逐漸轉向雙邊的自由貿易協定（FTA）或區域貿易協定（RTA）。

由於 TRIPS 第 22 條所賦予的共識性定義，地理標示已經正式成為國際智慧財產權保護體系的一環，只要是 WTO 會員國，保護地理標示已經成為必須履行的義務，而在 TRIPS 沒有限制會員國實現地理標示保護模式的背景之下，各國也紛紛依照自己對於地理標示的理解，採取了最適合本國的保護模式。臺灣身為 WTO 會員，當然也必須履行地理標示保護義務，不

過，值得思考的是，臺灣有關地理標示的討論一直都較為片段。有將地理標示與產地團體商標、產地證明標章（產地標章）一起討論者，也有以競爭法理解者。事實上，臺灣的產地標章規範確實是符合 TRIPS 地理標示定義者，即使它與歐盟心目中的地理標示是有所落差的，但與美國相比，其實相差不遠。另外，一直以來，產地都是行銷產品的重要資訊，錯誤的產地會導致市場上的不公平競爭，這也是無庸置疑的。

　　地理標示與商標、競爭法確實常常相提並論，這也是本書所欲探究者之一，此外，本書也希望透過對於地理標示議題的全面觀察，探討歐盟與美國在地理標示的衝突與調和，從雙方之司法實務展開，以蘇格蘭威士忌協會在各地所發起的侵權訴訟行動為背景，分析、比較歐盟與美國地理標示之司法實務判決及判決趨勢。本書發現，歐美雙方的認知落差，不僅反應於不同的法律制度選擇，亦呈現在司法所承認的地理標示保護範圍。不過歐盟與美國看似衝突的立場，卻也在司法實務中有關「喚起」的概念有所交集，這將可以成為臺灣未來面對歐美地理標示辯論之突破點。最後，本書分析臺灣法制現狀，並對於臺灣未來的地理標示發展提出建議，臺灣雖尚未受到歐美貿易談判的直接衝擊，但仍須持續關注各國地理標示議題發展、改善國內制度、確認地理標示保護範圍，以建立銜接歐美最新趨勢，同時慮及在地脈絡之地理標示保護制度。

　　本書改自作者清大科法所碩士學位論文《論歐盟與美國司法實務之地理標示保護範圍與對我國之啟示》，感謝我的論文

指導教授洪淳琦老師，在老師的帶領下認識了地理標示，這個既知性又歡樂的議題，我的論文也在「寓教於樂」的氛圍中逐漸成形，謝謝老師的教導與鼓勵，並支持我將論文出版成書。另外，感謝我的法律啟蒙恩師林利芝老師，老師的一路提攜，讓我從一張白紙逐漸成長為能夠完成法學研究的「作者」。也感謝范建得老師，以及采蓉學姊，在我就讀科法所期間給予許多支持與幫助，並促成這本書的出版。

最後，感謝我的家人，爸爸、媽媽與弟弟，一直以來我都在充滿愛與關懷的環境下成長茁壯，謝謝你們所給予的支持與陪伴，讓我毫無後顧之憂的追尋我的目標，不敢說自己一定能回饋什麼，但我會學著好好照顧自己，讓你們不再為我擔心。

本書完成之際，也是我正式踏入職場的時刻，成為社會新鮮人的緊張與雀躍，讓我想起第一天上學的自己。在未來，無論是工作或生活，我期許自己能夠保持熱忱、謹記初心，並永遠都為了成為自己喜愛的樣子，盡心盡力。

吳靖方

2023.05 臺北大安

目　次

圖目錄

表目錄

第一章　緒論

2021 年 3 月，蘇格蘭威士忌協會（Scotch Whisky Association）對加拿大酒商 Macaloney Brewer & Distillers 提起侵權訴訟，主張該酒商以「聽起來很蘇格蘭（sound too Scottish）」的名稱，作為其所販售之威士忌商品的品牌名稱（brand），侵害了「蘇格蘭威士忌」之地理標示權利，有導致消費者誤認其所生產之威士忌係源自於蘇格蘭之嫌[1]。

在該案，雙方所爭執的名稱包括：Caledonian、Macaloney、Island Whiskey、Glenloy、Invermalie 等字詞，面對蘇格蘭威士忌協會的主張，加拿大酒商 Macaloney 則從歷史文化觀點出發，認為每個人都應該享有「慶祝共同遺產的權利（right to celebrate our heritage）」，尤其是針對本件涉訟名稱之一的 Macaloney，縱使該名稱係源自於蘇格蘭之用語，但其同時也是酒商創辦人 Graeme Macaloney 的姓氏。Macaloney 更進一步對蘇格蘭威士忌協會的行為提出指控，認為蘇格蘭威士忌協會不斷地對於不具威脅性的威士忌同業進行恐嚇與騷擾，

---

[1] Ian Buxton, *Scotch Whisky Association – guardian or bully?*, MASTER OF MALT BLOG (April 21, 2021).
https://www.masterofmalt.com/blog/post/scotch-whisky-association-guardian-or-bully.aspx. (Last visited: 04.08.2023)

破壞了國際威士忌產業的自由競爭，最終只會傷害到國際消費者購買或取得威士忌的權益。蘇格蘭威士忌協會則回應，其有義務阻止未生產蘇格蘭威士忌之酒商，使用蘇格蘭式或蘇格蘭風格的用語，這對於蘇格蘭威士忌協會的會員利益保障而言至關重要，尤其是從保護許多發展中小型威士忌酒廠的面向來看，他們正在建立自有品牌的路上，嘗試打入國際市場[2]。

一、從蘇格蘭威士忌協會的全球訴訟行動談起

在展開全球訴訟行動初期，蘇格蘭威士忌協會仍是以直接使用「蘇格蘭」一詞為起訴對象，例如，在 2006 年，蘇格蘭威士忌協會曾於印度向 Golden Bottling 酒商提起侵權訴訟，主張其以 Red Scot 命名其所生產之印度威士忌產品，有侵害蘇格蘭威士忌地理標示之嫌，並獲得勝訴判決[3]。類似的判決亦於 2015 年發生，蘇格蘭威士忌協會在印度向 Oasis Distilleries、Adie Broswon Distillers & Bottlers 以及 Malbros International 三間酒商提起訴訟，主張 Royal Arms、Blue Patrol 及 Malbros 三

---

[2] Peter A Walker, *Canadian distiller considers EU trade complaint over Scotch Whisky Association threat*, INSIDER.CO.UK (February 4, 2022).
https://www.insider.co.uk/news/canadian-distiller-considers-eu-trade-26137293.
(Last visited: 04.08.2023)

[3] *The Scotch Whisky Association, Ltd. Vs Golden Bottling, Ltd.*, 129 (2006) DLT 423, 2006 (32) PTC 656 Del, Delhi High Court.

個品牌未經蘇格蘭威士忌協會之認證程序，卻將 Scotland 標示於產品描述，有構成假冒（passing off）之虞[4]。

在歷經多年訴訟經驗的累積，蘇格蘭威士忌協會的冒犯用語清單不斷增加[5]，此外，隨著時間演進，這些涉訟名稱中直接使用「蘇格蘭」一詞的比例正在逐年下降，其中最受關注者，莫過於歐盟法院於 2018 年對德國威士忌品牌 Glen Buchenbach 所做出之先行裁決（preliminary ruling），歐盟法院認為，即使該品牌名稱隻字未提及「蘇格蘭」，瓶身說明亦以德文描述，但依然認定該品牌名稱有「喚起」消費者對於蘇格蘭威士忌地理標示印象之嫌[6]。最終，德國漢堡上訴法院於 2022 年 1 月依歐盟法院先行裁決所指示之判斷標準，認為 Glen Buchenbach 已然構成對於蘇格蘭威士忌地理標示之侵害[7]。

---

[4] Mathew Lyons, *SWA wins key passing-off victory for Scotch in India*, HARPAS (25 February, 2016).
https://harpers.co.uk/news/fullstory.php/aid/18897/SWA_wins_key_passing-off_victory_for_Scotch_in_India.html. (Last visit: 02.28.2023)

[5] Aaron Hutchins, *'Big Scotch' is going after this Canadian distiller for naming his whisky after himself*, MACLEAN'S (29 June 2021).
https://www.macleans.ca/economy/business/macaloneys-caledonian-distillery/. (Last visited: 04.08.2023)

[6] Amy Hopkins, *SWA takes German single malt to court over 'Glen' title*, THE SPIRIT BUSINESS (11 June 2018).
https://www.thespiritsbusiness.com/2018/06/swa-takes-german-single-malt-to-court-over-glen-title/?edition=asia. (Last visited: 04.08.2023)

[7] Scotch Whisky Association, *Decision over Glen Buchenbach upheld by appeal court*, SCOTCH WHISKY ASSOCIATION (20 January 2022).
https://www.scotch-whisky.org.uk/newsroom/decision-over-glen-buchenbach-up

二、國際公約下的「地理標示」

　　有關地理標示之概念與內涵，可追溯至 1883 年《保護工業財產權巴黎公約》（*Paris Convention for the Protection of Industrial Property*，下稱《巴黎公約》）。《巴黎公約》為第一個將專利、商標、工業設計等「工業財產權」，以「智慧財產權」之概念進行規範的多邊協定，而「地理標示」雖未明文成為公約用語，但卻是「產地」首次以「智慧財產權」之身分在國際上受到關注，不過，當時有關「產地」之論述，主要還是聚焦於其「來源指示（Indications of Source）」的功能[8]，協定雖亦有提及「原產地名稱（Appellations of Origin）」之概念，但其定義也是模糊不清[9]。在《巴黎公約》以後，為明確化《巴黎公約》有關商標部分之規範內容，《巴黎公約》締約方於 1891 簽訂《馬德里抑制商品不實或引人錯誤之商品來源地標示協定》（*Madrid Agreement for the Repression of False or Deceptive Indications of Source on Goods*，下稱《馬德里協定》）。《馬德里協定》延續了《巴黎公約》第十條有關「來源地標示」之規定，更進一步賦予締約方保護「產地」之義務，依《馬德里協定》，當進口產品使用了「虛偽不實」及

---

held-by-appeal-court/. (Last visited: 04.08.2023)

[8]　Article 10bis(3) of Paris Convention.

[9]　Article 1(2) of Paris Convention.

「引人錯誤」之「產地」標示時，締約方對於該進口產品應予沒入、扣押，在尚未建立沒入或扣押之執行程序以前，締約方應以訴訟或其他救濟途徑替代之[10]。

　　然而，無論是《巴黎公約》抑或是《馬德里協定》，事實上，兩者有關產地之討論仍是停留在「正確標示」的程度，此與歐盟境內國家「原產地法規（appellation law）」的保護程度仍有落差。因此，法國、義大利、葡萄牙等國發起了新一輪有關產地保護標準之談判，於 1958 年簽訂《保護原產地名稱及國際註冊里斯本協定》（*Lisbon Agreement for the Protection of Appellations of Origin and their International Registration*，下稱《里斯本協定》），歐盟境內原產地法規對於「原產地名稱（Appellation of Origin）」之定義，終於加入成為國際社會討論「產地」概念之範疇。

　　《里斯本協定》除了明確定義原產地名稱之自然因素（natural factor）與人文因素（human factor）外[11]，最重要的是，提倡了「國際登記制度」，希望能透過國際登記程序，讓申請人只須通過其中一個締約方之註冊審查，即可於其他締約方主張原產地名稱之權利[12]。《里斯本協定》確實讓原產地名稱的權利地位更為具體明確，然其所形成之強大保護效果，同

---

[10] Article 1 of Madrid Agreement for the Repression of False or Deceptive Indications of Source on Goods.

[11] Article 2(1) of Lisbon Agreement.

[12] Article 1(2) of Lisbon Agreement.

時也讓國際社會望之卻步，尤其是以美國為首的普通法系國家，包括澳洲、加拿大、智利等新世界國家均認為，國際登記制度將導致已經落入公共領域之「通用名稱」，重新成為專屬於歐洲之權利，例如：「Parmesan（帕瑪森起司）」等，基於歷史與文化因素，這些「通用名稱」在新世界國家經常被用為「產品名稱」之描述，這勢必會形成日常生活與產業發展之限制。

即使《里斯本協定》並未獲得歐洲以外國家的響應，然歐盟從未放棄推廣其原產地名稱制度，反而是將此一議題與國際貿易相結合，納入世界貿易組織（World Trade Organization, WTO）烏拉圭回合談判之範疇。最終，WTO《與貿易有關之智慧財產權協定》（*Agreement on Trade-Related Aspects of Intellectual Property Rights,* TRIPS）在規範條文中加入了「地理標示（Geographical Indications）」，並區分為「一般地理標示」以及「酒類地理標示」。「一般地理標示」規定於第22條，該條對地理標示做出定義，並指出一般地理標示之內涵，透過標示正確產地之要求，維持公平競爭秩序，兼及消費者權益保障[13]。「酒類地理標示」則規定於第23條，除了要求正確標示產地來源外，條文透過禁止地理標示同類、同型、同風格、相仿之使用，實現更高程度之消費者權益保護目的，同

---

[13] Article 22 of TRIPS.

時也將生產者利益保障與公平對待之意涵納入其中[14]。

三、歐盟 vs 美國：國際上地理標示兩大陣營

　　國際上討論地理標示向來區分為兩大陣營，分別是以歐盟為首的特別權利體系，以及以美國為首的商標法體系。歐盟以歐盟規章第 1151/2012 號將農產品、食品與酒類產品均納入地理標示法規架構之下，在歐洲，只要該產品與產地之關聯性存在，即可依規章登記為原產地名稱（Protected Designation of Origin, PDO）或地理標示（Protected Geographical Indication, PGI）[15]。然而，美國則傾向按照 TRIPS 的區分方式，將酒類與非酒類產品區別保護，在非酒類產品上，原則容許在不具備「產品產地關聯性（good/place connection）」的情況下，得將地名視為描述性詞彙，於取得後天識別性後註冊成為商標；但在酒類產品上，除非該地名已於美國境內成為「通用名稱」，否則應不容許以該地名為取得後天識別性之描述性用語，並註冊成為商標[16]。

　　然而，即使歐美的地理標示之爭已因 TRIPS 而取得檯面上

---

[14] Article 23 of TRIPS.

[15] Article 5 of Regulation (EU) No 1151/2012, of the European Parliament and of the Council of 21 November 2012 on quality schemes for agricultural products and foodstuffs, 2012 O.J. (L343).

[16] 15. U.S.C. §1052(a).

的共識，歐盟與美國兩大陣營在此議題上的立場之爭似乎並未就此休止。由於 WTO 允許會員國透過簽訂雙邊的自由貿易協定（Free Trade Agreement, FTA）或多邊的區域貿易協定（Regional Trade Agreement, RTA），提供 FTA 或 RTA 之締約方更為優惠的貿易條件，而不將此認定為違反最惠國待遇或國民待遇原則等重要 WTO 原則者[17]。因此，這些協定即成為歐美雙方地理標示戰場的延續，雙方不僅在歐美 FTA 中就「非通用名稱」與「通用名稱」之認定展開激烈論辯[18]，在與他國的貿易談判中，亦試圖透過經濟影響力，輸出各自在地理標示議題上的觀點[19]。

事實上，歐盟與美國的制度差異係源自於雙方對於地理名稱的定位差異，尤其是有關「風土（Terroir）[20]」之理解。

---

[17] Article 24(4) of GATT; Article 5 of GATS, Enabling Clause.

[18] Renée Johnson & Andres B. Schwarzenberg, *U.S.-EU Trade Agreement Negotiations: Trade in Food and Agricultural Products*, CONGRESSIONAL RESEARCH SERVICE REPORT, 22-23 (2020); Daniele Curzi & Martijn Huysmans, *The Impact of Protecting EU Geographical Indications in Trade Agreements*, AMERICAN JOURNAL OF AGRICULTURAL ECONOMICS, 104(1), 364-384, 365 (2022).

[19] 歐盟將地理標示納入FTA談判之資料可參：CURZI & HUYSMANS, *Id.*, 368-371. 美國將地理標示納入貿易談判之資料可參：Bernard O'Connor & Giulia De Bosio, *The Global Struggle between Europe and United States over Geographical Indications in South Korea and in the TPP Economies*, in THE IMPORTANCE OF PLACE: GEOGRAPHICAL INDICATIONS AS A TOOL FOR LOCAL AND REGIONAL DEVELOPMENT 47, 69-74 (William Van Caenegem & Jen Cleary eds.,2017).

[20] Justin Hughes, *Champagne, feta, and bourbon: the spirited debate about geographical indications*, HASTINGS LAW JOURNAL, 58(2), 299-386, 301 (2006).

「風土」一詞源於法國，為法國葡萄酒文化常用之詞彙，係指一小型區域或地形之土壤或微型氣候所賦予產品之獨特特色[21]，在國際上，歐盟常以「地理來源之自然與人文因素」稱之（後續有時將以「風土」稱之）[22]。對歐盟而言，地理名稱與產品之間存在的「風土」，是所有在地生產者共同貢獻所形成，由於生產者在產地持續耕耘所造就的地名聲譽，是產品進一步取得成功的關鍵，這也是地理標示必須與商標區別對待之理由，透過確保生產者利益的方式，除了品牌經營者外，同時也肯定生產者對於產品的貢獻；然而，對美國來說，產品標示是資訊呈現的態樣之一，正確的產地標示可以確保消費者不受錯誤資訊的干擾，進而做出合理的消費決定，有助於提升整體市場信心。此外，公平競爭也會是考量的核心之一，禁止會產生「產品產地關聯性」之地名註冊成為商標，避免特定人獨占

該文章提及「風土（Terroir）」概念於原產地名稱法規之重要性。「風土」一語源自於法文，經常為歐盟援引為其原產地法規之正當化基礎，具有表達其產品之品質可歸因於特定「地域（Territory）」之意。「風土」之概念含有「土地與品質之重要關聯」，此一無法取代之關聯性，使得這片土壤以外之生產者難以生產出相同品質之產品。「風土」用語於我國學者地理標示相關文章亦有出現，可參照許曉芬（2016），〈以證明標章及團體商標保護地理標示之研究〉，《科技法學評論》13 卷 2 期，頁 1-46。

[21] Dev S. Gangjee, *From Geography to History: Geographical Indications and the Reputational Link'*, in GEOGRAPHICAL INDICATIONS AT THE CROSSROADS OF TRADE, DEVELOPMENT, AND CULTURE IN THE ASIA-PACIFIC, 1 (Irene Calboli & Wee Loon Ng-Loy eds., 2017).

[22] Article 5(1) of Regulation (EU) No 1151/2012, 2012 O.J. (L343). [The definitions of PDO]

單一地名，即是兼顧市場秩序與商業自由之平衡點，透過商標法的認證標章及團體商標對地理名稱提供進一步保護，已足以涵蓋前述消費者保護及公平競爭秩序的目的。

　　無論是 TRIPS 並未真正解決歐美歧見，又或是歐美對於自身立場的各執一詞，雙方的地理標示論述於 TRIPS 之後仍然持續發展，隨著越來越多國家修訂內國法保護地理標示，地理標示開始出現許多規範面與實踐面之進展，此外，前述蘇格蘭威士忌協會的地理標示侵權訴訟行動，地理標示之意義早已超越單純的「地名」或「產地」。為實現更為全面之地理標示議題觀察，本書分析、比較歐盟與美國兩大陣營截然不同的地理標示法律制度選擇，以及司法實務判決對於地理標示保護範圍形塑差異，藉此梳理歐盟與美國在地理標示上的認知落差。歐盟方面，在制度面上，本書以歐盟執委會於 2022 年所發布之《葡萄酒、蒸餾酒及農產品地理標示及農產品品質規範規章》草案為主要分析對象；實務面上，本書以歐盟法院判決系統中有關地理標示侵權者為主，挑選對於形塑歐盟地理標示侵權標準有重大進展之判決，並分析歐盟法院見解，呈現其解釋之演繹，據此界定歐盟地理標示保護範圍。而在美國方面，在制度面上，本書以《聯邦商標法》及《聯邦酒類管理法》兩部建構美國地理標示法制之法律為主，探討兩者於 TRIPS 前後之變化、互動與交錯。在實務面上，則以蘇格蘭威士忌協會在美國提起之商標異議訴訟為主，探討美國司法實務如何以商標異議之「商標不得註冊事由」及「不公平競爭」等條文實現地理標

示保護，同時分析法院之條文解釋，探討美國地理標示之保護標準。另外，美國尚有「產地證明標章」制度，為地理標示以積極地位主張權利之方式，又基於美國普通法體系特色，本書也將探討「干邑」以「普通法證明標章」之地位行使商標法權利之案例。

　　即使歐盟與美國的地理標示觀點幾乎相互衝突，本書仍希冀能找出雙方的交集之處，作為我國未來面對歐美地理標示辯論之突破點。我國雖尚未受到歐美經貿談判的直接衝擊，但仍應持續追蹤各國地理標示議題發展、改善國內制度、確認地理標示保護範圍，以建立銜接歐美最新趨勢，同時慮及在地脈絡之地理標示保護制度。

圖 1：本書架構概覽（作者自製）

第二章　歐盟地理標示制度與侵權實務

　　自歐盟於 1992 年為實施「共同農業政策」並「促進鄉村發展」，以地理標示規章整合會員國之相關規定，地理標示正式與現行國際智慧財產體系之著作權、商標權及專利權做出區隔，成為獨立之智慧財產權。地理標示（Geographical Indications, GIs）係一用於表彰產品地理來源之標示，且該產品之品質、聲譽等其他特質可歸因於所指示之地理來源者，此一定義亦為 TRIPS 第 22 條所肯認。然而，即使地理標示已因歐盟的積極遊說行動，在 WTO 談判中取得一席之地，並順利納入 TRIPS 規範之中，由於各國對於地理標示之性質、理論與實務均有各自的理解，也是這個制度至今仍在國際上廣為爭執的原因之一。

　　地理標示為新興的智慧財產權，雖以產地自然與人文因素對產品的貢獻作為地理名稱權利化之正當基礎，然其與既有商標概念的衝突，使得地理標示與現行商標之間的關係受到密切關注。事實上，縱使如歐盟為地理標示之先驅者，其境內有關地理標示與商標之間的衝突問題即從未停歇，兩者之間的矛盾不僅顯現於制度規範方面，從司法實務所出現的爭端亦可充分

展現，而有必要予以釐清。

　　歐盟身為地理標示制度領先者，自 1992 年制定地理標示規章後，後續對規章做了多次調整，實務上也累積出許多案例，本章將以歐盟地理標示規章為基礎，分析地理標示之規範架構以及權利內容，並進一步以歐盟法院對於權利行使之實務見解發展，釐清地理標示之權利範圍，以利後續與美國之規範模式進行對照。

一、歐盟地理標示制度

　　歐盟地理標示分為「原產地名稱（Protected Designation of Origin, PDO）」及「地理標示（Protected Geographical Indication, PGI）」，原則上，PDO 適用於葡萄酒及農產品與食品，PGI 則於葡萄酒、蒸餾酒、加香酒及農產品與食品均有適用。PDO 與 PGI 均屬歐盟地理標示，差異僅在於法律對於「自然與人文因素」要求之寬嚴度不同[23]。因此，兩者在法律規定的要件雖略有不同，然一旦經註冊成為 PDO 或 PGI，歐盟對於兩者之保護程度均相同[24]。

---

[23] 參見王思原（2014），〈歐盟地理標示研究〉，《科技法學論叢》第 10 期，頁 207-253，頁 225-228。PDO 為法國體系，相較於德國體系之 PGI，其對於「自然與人文因素」要求更為嚴格。

[24] 本書為求論述清晰，均以「地理標示」稱之。有關 PDO 及 PGI 之詳細解釋，可參 EUROPEAN COMMISSION, *Quality scheme explained.*

　　歐盟地理標示規範自 1992 年起歷經多次修法，在 1992 年的歐洲共同體規章第 2081/92 號以後[25]，後續又以 2012 年歐盟規章第 1151/2012 號[26]、2013 年歐盟規章第 1308/2013 號[27]、2014 年歐盟規章第 251/2014 號[28]及 2019 年歐盟規章第 2019/787 號[29]，分別規範「農產品及食品」、「葡萄酒」、「加香酒」與「蒸餾酒」[30]。因應 2019 年所發布之歐洲綠色政

---

https://ec.europa.eu/info/food-farming-fisheries/food-safety-and-quality/certification/quality-labels/quality-schemes-explained_en. (Last visited: 04.08.2023)

[25] Council Regulation (EEC) No 2081/92, of 14 July 1992 on the protection of geographical indications and designations of origin for agricultural products and foodstuffs, 1992 O.J. (L 208), 1–8. (No longer in force, Date of end of validity: 30/03/2006; Repealed by 32006R0510.)

[26] Regulation (EU) No 1151/2012, of the European Parliament and of the Council of 21 November 2012 on quality schemes for agricultural products and foodstuffs, 2012 O.J. (L 343), 1–29.

[27] Regulation (EU) No 1308/2013, of the European Parliament and of the Council of 17 December 2013 establishing a common organisation of the markets in agricultural products.

[28] Regulation (EU) No 251/2014, of the European Parliament and of the Council of 26 February 2014 on the definition, description, presentation, labelling and the protection of geographical indications of aromatised wine products, 2014 O.J. (L 84), 14–34.

[29] Regulation (EU) 2019/787, of the European Parliament and of the Council of 17 April 2019 on the definition, description, presentation and labelling of spirit drinks, the use of the names of spirit drinks in the presentation and labelling of other foodstuffs, the protection of geographical indications for spirit drinks, the use of ethyl alcohol and distillates of agricultural origin in alcoholic beverages, 2019 O.J. (L 130), 1–54.

[30] ANNETTE KUR & THOMAS DREIER & STEFAN LUGINBUEHL, EUROPEAN INTELLECTUAL PROPERTY LAW: TEXT, CASES AND MATERIALS (2ND ED.), 437-438

綱（The European Green Deal）所提及之從農場到餐桌策略
（Farm to Fork Strategy），歐盟執委會於 2022 年發布《葡萄
酒、蒸餾酒及農產品地理標示及農產品品質規範規章》（下稱
《地理標示規章》）草案[31]，希望能整合過去所制定之各別產
品地理標示規章，建立統一之地理標示制度。

　　觀察歷年規章與 2022 年地理標示規章草案雖在條文規範
上非完全相同，然大多僅為用字上之差異，以下將以 2022 年
3 月所發布之地理標示規章草案做規範體系分析，以利後續與
歐盟法院侵權案件上之見解相互對照。

（一）歐盟地理標示規章架構

　　依歐盟執委會地理標示規章草案，只要為規章所涵蓋之範
疇，如葡萄酒、蒸餾酒及農產品，包括食品、魚業及水產養殖
產品，則無論境內或境外產品，均可經由申請註冊程序成為地
理標示，並受到相同程度之保護。以下將地理標示規章之規範
架構分類為：註冊、異議、註銷、使用權、排他權、與商標之
關係、權利義務，並加以整理及說明。

(2019).

[31] *Proposal for a Regulation of the European Parliament and of the Council on*
European Union geographical indications for wine, spirit drinks and agricultural
products, and quality schemes for agricultural products, amending Regulations
(EU) No 1308/2013, (EU) 2017/1001 and (EU) 2019/787 and repealing
Regulation (EU) No 1151/2012, COM(2022) 134 final (Mar. 31, 2022).
[hereinafter *"Proposal for GI"*]

1.註冊

　　歐盟之地理標示可以區分為「原產地名稱（Protected Designation of Origins, PDO）」或「地理標示（Protected Geographical Indications, PGI）」，兩者均為受歐盟保護之地理標示[32]，並無保護程度之區隔，差異僅在於「產品與地理來源之間的聯繫」[33]。產品之地理名稱欲取得歐盟地理標示之資格，除其主要產品須為葡萄酒、蒸餾酒及農產品外，仍須經過申請註冊（registration）程序。地理標示之申請須由產品之生產者團體（a producer group of a product）為之[34]，個別生產者僅於符合特定條件下，始得單獨申請[35]。

　　地理標示之申請註冊須提交相關文件，區分為境內產品與境外產品。境內產品之註冊程序分為「國家註冊程序」及「歐盟註冊程序」，境內產品須先向產品產地之會員國主管機關申請並完成註冊後[36]，始得進一步註冊成為歐盟地理標示[37]。境外產品則可直接透過提交相關文件，向執委會註冊成為歐盟地理標示[38]。而所謂相關文件，須包括產品規範書等，其中應涵

[32] Article 23.2 of *Proposal for GI*, COM(2022) 134 final.

[33] 有關 PDO 及 PGI 之「產品與地理來源之間的聯繫」差異，於本書第四章第一節「歐盟與美國之地理標示國際辯論發展」有詳細說明。

[34] Article 8(1) of *Proposal for GI*, COM(2022) 134 final.

[35] Article 8(3) of *Proposal for GI*, COM(2022) 134 final.

[36] Article 9(1)(2) of *Proposal for GI*, COM(2022) 134 final.

[37] Article 15(1) of *Proposal for GI*, COM(2022) 134 final.

[38] Article 15(2) of *Proposal for GI*, COM(2022) 134 final.

蓋之內容則依欲申請地理標示之產品類別，分別規定於相關歐盟規章中[39]。

2.異議

地理標示經申請取得後，得因利害關係人之異議（opposition），以及主管機關對於地理標示使用情形之判斷而註銷。在異議部分，可區分為「國家程序之異議」及「歐盟程序之異議」。若地理標示於會員國因行政或司法程序而無效，會員國有義務將相關程序對於地理標示註冊之影響通知執委會[40]，若地理標示法院之判決而無效，會員國應於必要時採取適當行動，如撤回或修正該歐盟申請程序進行中之地理標示[41]。於歐盟程序之異議，會員國或第三國主管機關，或具有利害關係之自然人或法人，居住或於第三國有住所者，得於地理標示公布於歐盟官方公報的三個月內，向執委會提起異議[42]。提起異議之人，須證明該地理標示與規章所規定之地理標示定義不符，而有不得註冊成為地理標示之事由，如該地理名稱為「通用名稱（generic names）」、「同名地理標示（homonymous geographical indications）」、「商標（trade marks）」或「植物品種或動物種類（plant varieties and animal

---

[39] Article 11 of *Proposal for GI*, COM(2022) 134 final.

[40] Article 18(1) of *Proposal for GI*, COM(2022) 134 final.

[41] Article 18(4) of *Proposal for GI*, COM(2022) 134 final.

[42] Article 19(1) of *Proposal for GI*, COM(2022) 134 final.

breeds）」，此外，該地理標示將危害既有之完全或部分相同的名稱或商標，或於地理標示公布前已於市面合法流通至少 5 年之產品的存續[43]。

3.註銷

執委會得依會員國、第三國或任何有利害關係之法人或自然人之請求，於地理標示之產品規範書無法被確實遵守時，或至少有 7 年未有與地理標示相關之產品於市面流通時，註銷（cancellation）該地理標示[44]。

4.地理標示之權利內容

地理標示之權利內容可分為「使用權」及「排他權」。所謂「使用權」係指經營者所行銷之產品符合產品規範書時，有權使用該地理標示[45]。會員國應建立驗證機制確保所有使用該地理標示之經營者均遵守產品規範書，若有建立管理控制系統，其所衍生之相關費用均得向相關經營者收取費用[46]。又相關生產者與經營者之間，只要其產品符合產品規範書，即不得排除他人使用地理標示[47]。

「排他權」則涉及地理標示之保護範圍，對於非該地理標

---

[43] Article 20(1) of *Proposal for GI*, COM(2022) 134 final.

[44] Article 26(1) of *Proposal for GI*, COM(2022) 134 final.

[45] Article 36(1) of *Proposal for GI*, COM(2022) 134 final.

[46] Article 36(2) of *Proposal for GI*, COM(2022) 134 final.

[47] Article 36(3) of *Proposal for GI*, COM(2022) 134 final.

示所涵蓋之產品，若發生無權使用地理標示，或侵害地理標示之情形，歐盟亦賦予地理標示之權利人有主動提起侵權訴訟之權[48]。該條對於何種行為構成地理標示之權利侵害，制定了四種侵權態樣，本書將於下一節透過歐盟法院實務見解進一步分析之。

5.與商標之關係

地理標示可為限制商標註冊之事由[49]，若商標註冊申請日係處於地理標示註冊申請日之後，則該商標註冊申請將予以核駁[50]。會員國可透過相關立法，對於善意申請、註冊或成立之商標與地理標示之間的並存關係進行規範，詳言之，即使地理標示經註冊完成取得權利，此類商標只要不存在商標無效或撤銷之事由，均可持續使用並延展之[51]。

6.地理標示之權利義務

生產者有維持地理標示權利之義務，亦即，須控制與執行該地理標示。所謂「控制」應包括對於使用該地理標示之產品進行驗證（verification），確保該產品已遵守相關產品規範書，以及監控（monitor）地理標示於市場之使用情況[52]。控制

---

[48] Article 27(1) of *Proposal for GI*, COM(2022) 134 final.

[49] Whereas 22 of *Proposal for GI*, COM(2022) 134 final.

[50] Article 35(1) of *Proposal for GI*, COM(2022) 134 final.

[51] Article 35(3) of *Proposal for GI*, COM(2022) 134 final.

[52] Article 38(2) of *Proposal for GI*, COM(2022) 134 final.

可以區分為內部控制與外部控制。生產者於產品在市面上流通之前，須透過內部控制以確保產品已遵守地理標示之產品規範書[53]。外部控制則應於產品進入市場流通以前，由第三方進行，若為歐盟境內之產品，第三方可由會員國專責機關或產品認證機構擔任[54]；若為歐盟境外之產品，則可由第三國之公部門專責機關或產品認證機構擔任[55]。

（二）地理標示保護範圍

只要經歐盟註冊程序成為歐盟地理標示，無論是 PDO 或 PGI，均得對涉及地理標示之商標發動訴訟。此外，對於未受地理標示所涵蓋之產品，若發生使他人誤認其為受地理標示所保護者時，或有攀附地理標示聲譽之嫌時，亦得主動提起侵權訴訟。

地理標示之保護範疇，依歐盟地理標示規章規定，地理名稱經註冊成為地理標示者，對於該權利之保護，包括得對抗以下行為：

(a) 任何直接（direct）或間接（indirect）商業使用（commercial use），且該產品與地理標示所註冊之產品近

---

[53] Article 39(2) of *Proposal for GI*, COM(2022) 134 final.

[54] Article 39(3) of *Proposal for GI*, COM(2022) 134 final.

[55] Article 39(4) of *Proposal for GI*, COM(2022) 134 final.

似，或雖非近似之產品，但其使用可能利用、削弱、淡化或損害受保護名稱之聲譽；

(b)任何誤用（misuse）、模仿（imitate）或喚起（evocation），即使該產品或服務已指示其真實來源，或該受保護名稱已經翻譯，或伴隨著「同風格」、「同種」、「同方法」、「如同生產於」、「相仿於」、「風味」、「相似」或類似之表達；

(c)任何其他對於產品之產地、來源、性質或重要品質之錯誤或誤導之指示，使用於內或外包裝、廣告素材、於網路所提供之相關產品文件或資訊，以及使用會傳達錯誤來源印象之容器包裝產品；

(d)任何其他會使消費者誤導產品真實來源之行為[56]。

以上各款所規範者為針對無權使用地理標示者之四種禁止行為態樣，第(a)款係針對「使用」地理標示之行為，包括直接與間接使用，對於不符合地理標示使用規範書之產品，若於產品名稱或商標使用該地理標示，將落入本條所禁止之範疇。第(b)款則將禁止行為進一步擴張至「使用」以外之行為，所謂於地理標示之「誤用」、「模仿」或「喚起」行為，係針對該產品名稱或商標雖未使用與地理標示相同或近似之用詞，然其與地理標示之間具有程度上的關聯性，足以使人將該產品與

---

[56] Article 27(1) of *Proposal for GI*, COM(2022) 134 final.

地理標示產生聯想，此時，仍有依本款構成地理標示侵權之可能[57]。有論者認為，第(c)款及第(d)款為第(b)款有關「喚起」概念之延伸，尤其是第(c)款所規範之標的非僅止於產品名稱或商標，而是將與產品相關之「指示（indication）」涵蓋在內，若產品提供或傳遞了可能會與地理標示產生連結之資訊，亦有成立地理標示侵權之虞[58]。

　　前述條文所揭示之地理標示保護範圍，除了以文義解釋外，亦須以其保護目的觀察之。如前所述，註冊成為地理標示後，將禁止任何會使他人誤認該產品係源自於受保護地理名稱之任何行為，若僅是以「標示正確的產品來源地名」來理解地理標示，是不足以涵蓋其意義的。「標示正確的產品來源地名」確能保障消費者利益並兼顧市場競爭秩序，然地理標示所欲實踐者係「更高程度之消費者權益保障」，以及「防止任何對於受保護名稱之搭便車（free-riding）行為」，不但禁止任何會使消費者混淆地理標示產品與一般產品的行為，縱使該一般產品並未使用與該地理標示相同或相似之名稱，一旦有引起他人聯想到受保護地理標示之虞，則會被認定為有搭便車之嫌[59]。易言之，地理標示所關注者並非消費者是否確實混淆兩種

---

[57] Manon Verbeeren & Olivier Vrins, *The protection of PDOs and PGIs against evocation: a 'Grand Cru' in the CJEU's cellar?*, JOURNAL OF INTELLECTUAL PROPERTY LAW & PRACTICE, 16(4-5), 316-330, 318 (2021).

[58] *Id.*, 318.

[59] *Id.*, 318-319.

產品，而是該行為是否存在引發混淆誤認之虞的情況。

　　地理標示的錯誤使用行為之所以有必要防止，並非僅為保護產品購買者對標示之信賴，同時也是保障生產者為維持產品品質的付出與努力，透過賦予地理名稱獨立之權利，進一步肯定在地生產者對於產品的貢獻，同時解決「消費者資訊揭露」與「生產者成本投入」之外部性問題[60]。

二、歐盟法院侵權實務標準

　　回顧本書緒論所提及之蘇格蘭威士忌協會侵權訴訟行動，該協會向許多並未直接以「蘇格蘭威士忌」命名之威士忌品牌提起訴訟，即使已標示正確產地來源，仍能取得勝訴判決，此與商標法係以消費者是否有發生混淆誤認之虞的判斷標準有所分歧。由此可知，即使地理標示與商標均係以「指示產品來源」的態樣呈現，但兩種權利所欲保護之價值與範圍，仍是截然不同的。

　　為求對於地理標示制度有更全面的了解，除了規範面的文義解讀及目的分析外，也應關注司法實務對地理標示之實踐結果，法院的侵權判斷標準將對於界定地理標示保護範圍有重大

---

[60] Riccardo Crescenzi & Fabrizio De Filippis & Mara Giua & Cristina Vaquero-Piñeiro, *Geographical Indications and local development: the strength of territorial embeddedness*, REGIONAL STUDIES, 56(3), 381-393, 383 (2022).

影響，尤其是當地理標示經常被主張用以對抗他人之商標或產品名稱，兩者權利之間的衝突是顯而易見的。本章整理歐盟法院於地理標示侵權案件所做出之見解，探討法院所建構之地理標示侵權標準，以此界定地理標示保護範疇。下表為本章主要討論之案件與案件所涉及之相關條文。

表 1：CJEU 地理標示侵權案件清單（作者自製）

	案號	地理標示	系爭名稱	年份	相關條文
1	C-87/97	Gorgonzola	Cambozola	1999	(b)喚起
2	C-132/05	Parmigiano Reggiano	Parmesan	2008	(b)喚起
3	C-4/10 & C-27/10	Cognac	Konjakkia/ Konjakki	2011	(a)直接或間接商業使用
4	C-75/15	Calvados	Verlados	2016	(b)喚起
5	C-56/16	Porto/Port	PORT CHARLOTTE	2017	(a)直接或間接商業使用
6	C-393/16	Champagne	Champagner Sorbet	2017	(a)直接或間接商業使用
7	C-44/17	Scotch Whisky	Glen Buchenbach	2018	(a)直接或間接商業使用 (b)喚起 (c)任何其他錯誤或誤導之指示

| 8 | C-614/17 | Queso Manchego | Quesos Rocinante | 2019 | (b)喚起 |
| 9 | C-490/19 | Morbier | Montboissié du Haut Livradois | 2020 | (d)任何其他行為 |

（一）直接或間接商業使用

本款所規定之禁止行為係「直接或間接商業使用」，欲成立本款行為，除須符合(1)任何直接或間接商業使用行為：此涉及「使用」之構成，以及何謂「直接」或「間接」之商業使用；(2)尚須區分前述使用係於「近似產品」或「非近似產品」，若為「非近似產品」使用地理標示，仍以該使用有利用地理標示聲譽之情形，始足當之。在蘇格蘭威士忌案[61]以前，歐盟法院雖對於「使用」行為多次做成見解，但均未賦予明確且統一之定義，且常有無法與第(b)款「誤用、模仿或喚起」行為做出區隔之問題。以下將與「使用」相關之判決區隔為「蘇格蘭威士忌案以前」與「蘇格蘭威士忌案」進行分析。

1.蘇格蘭威士忌案以前

在 2018 年蘇格蘭威士忌案以前，歐盟法院已多次援引本款「直接或間接商業使用」判定侵權，雖未明確對本款行為進

---

[61] Case C-44/17, *Scotch Whisky Association v. Michael Klotz* (CJEU, 7 June 2018).

行定義，但仍可從法院見解找出認定是否構成「使用」行為之
解釋方向，以下整理「法國干邑白蘭地案」、「葡萄牙波特酒
案」及「法國香檳案」並分析法院對「使用」之見解，以利後
續與蘇格蘭威士忌案之明確定義相互對照理解。

（1）法國干邑白蘭地案[62]

　　本件被告 Gust. Ranin Oy 為一間芬蘭公司，於 2001 年 12
月 9 日向芬蘭專利註冊局（Finnish Patent and Registration
Office），申請註冊兩個用於瓶子標籤之圖形商標，其中一個
商標係以《尼斯協定》（*Nice Agreement*）中商標和服務商標
註冊的商品和服務分類第 33 類中的「干邑（Konjakit/Cognacs）」
為申請註冊類別，欲申請之商標元素包括：「COGNAC L & P
HIENOA **KONJAKKIA** Lignell & Piispanen Product of France
40% Vol 500 ml」（案號：No 226350，下稱「第一案」）；另
一個商標則係以第 33 類中的「含有干邑之利口酒（liqueurs
containing "konjakki"）」為申請註冊類別，欲申請之商標元素
包 括 「 KAHVI-**KONJAKKI** Café Cognac Likööri – Likör –
Liqueur 21% Vol Lignell & Piispanen 500 ml 」（案 號：
No226351，下稱「第二案」）[63]。

　　雖然芬蘭專利註冊局核准了前述兩個商標申請案，法國干

---

[62] Joined Cases C-4/10 and C-27/10, *Bureau national interprofessionnel du Cognac v. Gust. Ranin Oy*, 2011 E.C.R. I-06131.

[63] *Id.*, paras. 16-17.

邑產業管理局（Bureau National Interprofessionnel du Cognac, BNIC）卻對此提起商標異議[64]。2004 年 9 月 10 日，專利註冊局駁回了第一案商標異議，卻於第二案中採取支持 BNIC 之立場，宣告第二案商標無效[65]。BNIC 及 Gust. Ranin Oy 均分別就不利於己之決議提起上訴，2007 年 10 月 22 日，專利註冊局上訴委員會駁回了 BNIC 就第一案所提起之上訴，並撤銷了芬蘭專利註冊局宣告第二案商標無效之決議[66]。也就是說，Gust. Ranin Oy 在此兩個商標註冊案之行政程序中取得了勝利，兩商標註冊案均有效。這促使 BNIC 向芬蘭最高行政法院（Supreme Administrative Court）提起上訴，希望能撤銷上訴委員會於 2007 年 10 月 22 日所做成之決議，並將案件發回專利註冊局重新審查。由於本件為地理標示與商標註冊之爭議，涉及歐盟所制定法規效力與解釋問題，芬蘭最高行政法院決定暫停訴訟程序，將前述爭議提交歐盟法院做先行裁決（preliminary ruling）[67]。

　　歐盟法院在此裁決中，就未符合地理標示使用條件之產品，其商標使用了受保護地理標示，或以通用名稱或翻譯之形式呈現該地理標示時之情形，做出是否構成地理標示侵權之認

---

[64] *Id*., para. 18.

[65] *Id*., para. 19.

[66] *Id*., para. 20.

[67] *Id*., para. 22.

定[68]。此即規章對於受保護地理標示之保護，是否及於相似於地標標示之通用名稱及翻譯之問題。據此，法院將此問題分為兩個層次處理：(1)干邑是否為「通用名稱」；(2)「翻譯」是否構成地理標示之使用。

首先，法院援引蒸餾酒地理標示規章[69]第 15 條第 3 項第 1 款，已經註冊成為地理標示者不會被認定為是通用名稱，同條第 2 款規定，已被認定為係通用名稱者，不得再註冊成為地理標示。是以，本件係爭名稱「干邑」已經註冊成為地理標示將不會再被認為係通用名稱[70]。

倘若認為「干邑」為地理標示，依同規章第 16 條第 a 款，不符合地理標示產品規格書之產品，則其商標中含有該地理標示，或與該地理標示相似之名稱或翻譯者，且用於與地理標示產品具有可比性之產品類別，應已構成該款所示「直接或間接商業使用」之禁止行為[71]。至此，本件「干邑」已依第 14 條第 2 項註冊成為地理標示，既已被註冊為蒸餾酒地理標示，則應不得被翻譯於蒸餾酒的標籤或說明中[72]。

---

[68] *Id*., para. 38.

[69] Regulation (EC) No 110/2008, of the European Parliament and of the Council of 15 January 2008 on the definition, description, presentation, labelling and the protection of geographical indications of spirit drinks and repealing Council Regulation (EEC) No 1576/89, 2008 O.J. (L 39), 16–54.

[70] Joined Cases C-4/10 and C-27/10, para. 51.

[71] *Id*., para. 55.

[72] *Id*., para. 52.

（2）葡萄牙波特酒案[73]

本件為歐盟智慧財產局（European Union Intellectual Property Office, EUIPO）與葡萄牙杜羅產區葡萄酒與波特酒研究所（Instituto dos Vinhos do Douro e do Porto IP, IVDP）就 Bruichladdich Distillery 所申請之商標「PORT CHARLOTTE」是否得註冊成為商標之爭議[74]。

Bruichladdich Distillery Co. Ltd 於 2006 年 10 月 27 日依歐盟商標法[75]向 EUIPO 申請註冊「PORT CHARLOTTE」為商標（下稱「系爭商標」），所註冊之類別為《尼斯協議》第 33 類中之酒精飲料（Alcoholic beverages），該商標於 2007 年 10 月 18 日完成註冊。2001 年 4 月 7 日，IVDP 向 EUIPO 主張系爭商標含有 Porto 及 Port，為受保護之地理標示名稱之一部分，其註冊無效而應撤銷，為回應前述撤銷主張，Bruichladdich Distillery 將其商標所涵蓋之產品類別調整為「威士忌（Whisky）」，最終 EUIPO 駁回 IVDP 之主張，認為系爭商標有效。IVDP 於 2013 年 5 月 22 日提起上訴，對此，EUIPO 第四上訴委員會於 2014 年 7 月 8 日駁回該上訴，並做出 PORT CHARLOTTE 商標有效之決議。然而，該決議於 2015 年 11 月 18 日遭歐盟普通法院（the General Court of the

---

[73] Case C-56/16, *European Union Intellectual Property Office (EUIPO) v. Instituto dos Vinhos do Douro e do Porto IP* (CJEU, 14 September 2017).

[74] *Id.*, para. 1.

[75] Regulation (EC) No 207/2009. (Community trade mark)

European Union）撤銷。本件，代表 EUIPO 之歐盟執委會
（European Commission）欲透過上訴程序，撤銷該普通法院
所做成之判決，而杜羅產區葡萄酒與波特酒研究所 IVDP 亦提
起交叉上訴，希望能撤銷普通法院所做成判決之部分內容[76]。

　　本件法院認為，若欲主張 PORT CHARLOTTE 商標無效，
則須討論系爭商標是否已經落入葡萄牙法規對於 Porto 或 Port
地理標示之保護範圍內[77]。法院指出，該地理標示係註冊為
「葡萄酒（Wine）」產品類別[78]，與系爭商標之「威士忌
（Whisky）」雖為不同產品類別，然依葡萄酒地理標示規章[79]
對於地理標示所提供之保護，註冊成為地理標示者，得對抗他
人直接或間接商業使用，即使其產品不具可比性，若其使用有
利用地理標示聲譽（exploiting the reputation）之行為，仍可能
成立地理標示侵害[80]。

　　本件上訴法院援引 EUIPO 上訴委員會之事實調查結果，
該上訴委員會於其決議中提到，為確定受保護地理標示之保護
範圍，其將受保護地理標示輸入至資料庫，分析後確認該地理

---

[76] Case C-56/16, para. 17.

[77] *Id*., para. 104.

[78] *Id*., para. 106.

[79] Council Regulation (EC) No 1234/2007, of 22 October 2007 establishing a
common organisation of agricultural markets and on specific provisions for
certain agricultural products (Single CMO Regulation), 2007 O.J. (L 299), 1–149.
(Repealed by Regulation (EU) No 1308/2013)

[80] Case C-56/16, para. 110.

標示所涵蓋之名稱範圍應為「Porto 或 Port 及 Wine」，此外，上訴委員會注意到，「Port wine」是由兩個字詞所組成的表達方式，而系爭商標「Port Charlotte」亦為兩個字詞組成，兩者之間的表達邏輯與概念是相近的[81]。然而，上訴委員會也發現系爭商標與受保護地理標示名稱仍有不同之處。首先，系爭商標並未使用「wine」一詞，其所使用的「Charlotte」一詞為女性姓名「夏洛特」，此外，系爭商標將該姓名緊接著「Port」一詞使用，該字詞無論在英語或葡萄牙語，均具有「港口（Port）」之意，是以，應將「Port Charlotte」以一個整體的方式來理解。換言之，系爭商標係以「Charlotte」為港口（Port）命名，應認其與地理標示「Porto 或 Port」並無直接關連，尤其是當具備基本英語或羅馬語系知識的一般消費者，通常不會將「Port」與「Charlotte」分別閱讀，而是把兩個字詞視為一個整體綜合理解[82]。據此，本件法院認為系爭商標並不構成對於受保護地理標示「Porto 或 Port」之使用，此外，系爭商標所涵蓋之產品與受保護地理標示所涵蓋之葡萄酒產品，不僅未於公眾之間產生聯繫，亦無貿易商（trader）不當利用地理標示聲譽之情形[83]。

　　本件法院亦就 IVDP 主張系爭商標已構成「喚起」之禁止

---

[81] Case C-56/16, para. 111.

[82] *Id.,* para. 111.

[83] *Id.,* paras. 115-117.

行為做出回應。法院認為，即使「喚起」並不以消費者對於兩個產品發生混淆誤認之虞（likelihood of confusion）為判斷依據，但是若一般大眾在接觸商標所涵蓋之產品時，並不會在腦海中產生與地理標示之間的聯想，則難認其有不當利用地理標示聲譽之情事。本件，系爭商標雖含有「Port」的元素，但一般消費者在接觸使用系爭商標之威士忌產品時，即使是葡萄牙人或使用葡萄牙語之人，均不會將系爭商標之威士忌與波特酒地理標示相互聯想，故應不構成「喚起」之禁止行為[84]。有關「喚起」之解釋，將於後續「誤用、模仿或喚起」段落進一步釐清。

（3）法國香檳案[85]

本件被告 Aldi 為食品分銷公司，於 2012 年底開始負責銷售 Galana NV 所製造的冷凍食品，本件系爭產品名稱為「Champagner Sorbet（香檳冰棒）」，該食品含有 12% 香檳成分[86]。法國香檳委員會（Comité Interprofessionnel du Vin de Champagne, CIVC）認為系爭產品名稱已構成對於地理標示「Champagne（香檳）」的侵權，向慕尼黑地方法院提起訴訟，希望能取得禁制令，禁止 Aldi 繼續於冷凍食品市場上使用該名稱，第一審地方法院同意 CIVC 之主張並核發禁止令，

---

[84] *Id.*, para. 124.

[85] Case C-393/16, *Comité Interprofessionnel du Vin de Champagne v. Aldi Süd Dienstleistungs-GmbH & Co. OHG* (CJEU, 20 December 2017).

[86] *Id.*, para. 22.

然該判決於上訴程序遭慕尼黑高等法院推翻，駁回了禁制令之申請[87]。上訴法院認為，本件 Aldi 使用「Champagner Sorbet」為產品名稱，不構成不公平的使用「Champagne」地理標示。由於「Champagner Sorbet」是被用來指稱大眾所周知之食品類型，香檳亦為其產品所不可或缺之基本成分，難認該指示有誤導性存在，故 Aldi 具有合法使用「香檳」字詞之權[88]。本件上訴至德國聯邦最高法院，該法院認為本件爭議涉及歐盟所制定法規效力與解釋問題，裁定暫停訴訟程序，請求歐盟法院做出先行裁決。

　　本件涉及葡萄酒地理標示規章中，有關直接或間接商業使用地理標示於非近似產品類別，依條文規定，須進一步判斷該使用行為是否有「利用地理標示聲譽」之情形。「Champagner Sorbet」雖非符合「Champagne」地理標示使用規範書之產品，然其所含之「香檳」成分確實符合地理標示使用規範書，故「Champagner Sorbet」據此將「Champagne」地理標示名稱用於產品名稱之行為，是否仍構成利用地理標示之聲譽，不無疑問[89]。

　　對此，法院指出，系爭產品「Champagner Sorbet」本身並不符合「Champagne」地理標示之使用規範書，卻將地理標示

---

[87] *Id*., para. 23.

[88] *Id*., para. 24.

[89] *Id*., para. 30.

「Champagne」用於產品名稱之中，已構成「直接或間接商業使用」，然其是否即無權使用地理標示，仍須進一步判斷。依葡萄酒地理標示規章前言 97（whereas97, Regulation(EU)1308(2013)）所揭示，地理標示之保護係為對抗任何意圖從地理標示產品獲得不當利益之使用行為，此外，農產品與食品地理標示規章、蒸餾酒地理標示規章及葡萄酒地理標示規章均明確指出，規章有關地理標示之保護，對於產品成分含有地理標示產品者，亦有適用[90]。換言之，即使地理標示產品係以產品成分的形式呈現，仍不影響系爭產品為受地理標示保護產品之地位，本件系爭產品雖非符合地理標示使用規範書之產品，然其有將地理標示產品用為產品成分，確實有地理標示合法使用地位之可能性，但此合法使用之權是否發生，仍須符合特定之要求。

　　法院引用葡萄牙波特酒案（詳參第（2）點）之見解，並考量地理標示為共同農業政策之一環，具有向消費者保證，以及肯定生產者貢獻之意義。使用該地理標示之產品，除具有該地理標示所表彰地理來源之特定特徵，同時也能享有該地理來源所提供之產品品質保證。此外，為了保障在地生產者對於產品品質所做的努力，確保其能取得相當之收入並持續致力於提升產品品質，有必要防止第三人不當使用地理標示，以及不當受益於地理標示產品品質聲譽之行為[91]。

---

[90] *Id.*, para. 33.

[91] *Id.*, para. 38.

　　法院指出，在「系爭產品之產品成分符合地理標示使用規範書」之情形，究竟其使用受保護地理標示之行為，是否有利用地理標示聲譽之情事，各國法院應依個案事實各別判斷[92]。法院強調，相關公眾是否將「Champagner Sorbet」視為一種食品名稱，並非本件法院所需考量[93]。基於規章對於地理標示之保護，已註冊成為地理標示者將不再被認為係通用名稱，因此，若同意被告所主張之「Champagner Sorbet」已被公眾用為食品之代稱，而具有正當使用「Champagne」於產品名稱之基礎，則無異於將「Champagne」地理標示以「通用名稱」視之，此與前述所提及之法規保護核心不符[94]。無論地理標示產品是否為食品之重要成分或特色，這都只是評估產品定位的一環，如果在食品名稱中加入受保護地理標示之元素只是為了表達該食品的風味（taste），但該食品之風味或特色更多是源自於受保護地理標示產品以外的成分時，則難謂該使用地理標示為食品名稱之行為，並無不當利用地理標示聲譽之意[95]。

　　據此，歐盟法院認為，國家法院（本件係指「德國聯邦最高法院」）應依現有證據，確認「Champagner Sorbet」之食品風味是否可歸因於其成分含有受「Champagne」地理標示保護之產品，始得對於「Champagner Sorbet」是否構成

---

[92] *Id.*, para. 46.

[93] *Id.*, para. 47.

[94] *Id.*, para. 48.

[95] *Id.*, paras. 51-52.

「Champagne」地理標示侵權做出判斷[96]。

（4）分析

在法國干邑白蘭地案，法院處理了以「翻譯」或「通用名稱」之型態使用地理標示，是否構成地理標示侵害的問題。法院認為，一旦地理名稱經註冊成為地理標示，即不會再被認為是通用名稱[97]，此外，歐盟對於地理標示之保護，並不限於地理標示所註冊之單一語言，而及於任何對於地理標示的翻譯，因此，將「地理標示之翻譯」用於產品名稱或商標，當然構成地理標示之使用[98]。

在葡萄牙波特酒案，法院則對於產品名稱或商標含有地理標示者，做了一個例外不構成「使用」之解釋。法院發現，即使系爭產品名稱或商標有使用到地理標示的情況，但如果該地理標示同時具有其他意義，且一般消費者接觸該產品名稱或商標時，亦會以該地理標示以外之意義理解之，則縱使落入與地理標示有「高度近似」之範疇，仍得取得合法使用地理標示之資格[99]。

在法國香檳案，法院對於「利用地理標示聲譽」有了更進一步的描述。法院指出，地理標示產品即使成為「產品成分」，只要符合地理標示之使用規範書，仍為受到地理標示所

---

[96] *Id.*, para. 52.

[97] Joined Cases C-4/10 and C-27/10, para. 51.

[98] *Id.*, para. 55.

[99] Case C-56/16, para. 111.

保護之產品[100]。至於，系爭將地理標示產品用為產品成分之完整產品，是否有權使用地理標示，則應個案判斷之[101]。倘若該產品之主要風味並非歸因於該被用為產品成分之地理標示產品，且地理標示產品以外之其他成分對於產品之貢獻度更大，則難認其將地理標示使用於產品名稱或商標之行為無利用地理標示聲譽之嫌[102]。

　　歐盟法院透過這三個案件界定了「使用」的構成，並建立了構成「使用」之例外情況，更透過法國香檳案詮釋了「有權使用地理標示之產品」應包含任何符合地理標示產品規範書者，即使該產品被用為「產品成分」，並不會就此失去其為地理標示產品之地位。此外，將地理標示產品用為「產品成分」之完整產品，亦非當然無權使用地理標示。

2.蘇格蘭威士忌案

　　前述三個案件雖然對於「使用」做出解釋，但均欠缺對於「使用」之定義，直到 2018 年歐盟法院對於蘇格蘭威士忌協會與德國酒商 Michael Klotz 所做出之先行裁決，法院終於界定出了明確的「使用」行為定義。須進一步說明者為，法院於該案全面檢視地理標示之禁止行為，最終認為應檢視 Glen Buchenbach 是否有「喚起」消費者對於蘇格蘭威士忌地理標

---

[100] Case C-393/16, para. 33.

[101] *Id.*, para. 46.

[102] *Id.*, paras. 51-52.

示之印象，始得認定本件之侵權成立與否。本件雖非以「直接或間接商業使用」作為判斷依據，但考量到法院有於該案為各禁止行為條款做出區隔，以下仍分析法院對於「直接或間接商業使用」之見解，其他部分則於相應之段落詳述。

　　在該案，蘇格蘭威士忌協會主張，德國酒商 Michael Klotz 使用於商標之「Glen」為泛指蘇格蘭地區「谷地（Valley）」之詞彙，由於「Glen」經常被用為蘇格蘭威士忌廠商之商標元素之一，Klotz 使用「Glen」於非產自蘇格蘭之威士忌產品上，會使消費者產生聯想，即該威士忌係源自於蘇格蘭或蘇格蘭威士忌之印象，已構成對於蘇格蘭威士忌地理標示之侵害[103]。Klotz 則認為，Glen Buchenbach 威士忌瓶身有包括：「 Waldhornbrennerei （ Waldhorn distillery ）」、「 Glen Buchenbach 」、「 Swabian Single Malt Whisky 」、「 500 ml」、「40% vol」、「Deutsches Erzeugnis（德國產品）」、「Hergestellt in den Berglen（生產於貝格倫）」等資訊，以上種種說明均可顯示出，這款威士忌並非蘇格蘭威士忌，而是德國威士忌，此外，這款威士忌本即於 Buchenbach valley，使用 Glen Buchenbach 作為商標與地理標示使用行為無涉[104]。

　　有關「直接或間接商業使用」，法院認為，須該產品名稱或商標出現與地理標示「相同（identical）」形式，或至少在

---

[103] Case C-44/17, paras. 11-12.

[104] *Id*., paras. 9-10.

「發音上（phonetically）」以及/或「視覺上（visually）」有高度近似（highly similar）之情形，包括將受保護之地理標示用於產品或包裝之「直接」使用行為，以及用於行銷或資訊來源之補充，例如產品廣告或其他相關文件之「間接」使用行為[105]。本件 Glen Buchenbach 並未有出現與地理標示相同或高度近似之文字，故無法以本款行為進行追究，但是否構成侵權，仍須進一步檢視「喚起」之行為態樣，此部分將於「（二）誤用、模仿或喚起」分析之。

　　從法國干邑白蘭地案、葡萄牙波特酒案、法國香檳案，到蘇格蘭威士忌案，歐盟法院對於「直接或間接商業使用」之行為態樣已逐步明確，值得注意的是，從法院的論述來看，歐盟法院從未從商標法之消費者是否發生「混淆誤認之虞」的客觀標準來判斷是否構成地理標示侵權，而是以較為主觀的方式，以法院之立場觀察系爭產品名稱與地理標示是否相同或高度近似，即可成立地理標示侵權。又縱使在非近似產品中，條文有將「利用地理標示聲譽」之使用後情境列為要件，然從法國香檳案之見解來看，此要件的構成亦有高度法院主觀認定成分存在，在該案，法院即認地理標示產品對於系爭產品之整體風味貢獻度偏低故以其將地理標示用於產品名稱或商標之客觀行為，直接推定系爭產品有了「利用地理標示聲譽」之意圖。

　　除了前述與一般商標法之比較，尚須注意者為，本款「直

---

[105] *Id.*, paras. 31-32.

接或間接商業使用」行為所規範者為「高度近似於地理標之產品名稱」，欲成立本款行為，仍是以「產品名稱有發生相同或近似於地理標示者」為限。然而，地理標示之保護領域並不僅止於本款所規定之使用行為，縱使產品名稱或商標沒有使用到與地理標示相同或近似之名稱，若有發生將系爭產品與地理標示產品相互聯想之情形，仍得適用第(b)款之「誤用、模仿或喚起」主張權利侵害。

（二）誤用、模仿或喚起

「誤用（misuse）」、「模仿（imitation）」及「喚起（evocation）」為地理標示保護範圍中最難定義的條款，在2022 年 3 月 31 日之地理標示規章草案以前，綜觀多個規章均未給予此一條款明確的定義，然而「evocation」這個概念卻在訴訟中，經常被用來當作是對抗「假冒（passing off）」行為的補充手段，即使兩者分屬於不同體系的概念，但因「evocation」相對於「假冒」，所涵蓋之行為情境是有過之而無不及，且「evocation」之詞義廣泛又欠缺明確性，作為主張侵權之武器，對原告而言是相當實用的。

1.「evocation」的定義

由於「evocation」一詞之定義在法規上未臻明確，這讓法院對這個詞彙的適用情境有了更多的想像空間。若以文義直接翻譯之，「evocation」具有「喚起」之意，相較於採用直接敘

述的方式明確提及，「喚起」更著重在心理層面的連結與思想層面的觸及，只要是消費者會產生聯想的任何情況，均有可能會落入文義[106]。舉例來說，產品名稱或商標中含有地理標示元素之情形，是較為具體之落入形式，但即使只是單純採取「將一般產品與地理標示產品共同陳列或廣告」之行銷手法的情況，也難謂不會產生心理層面的暗示性（suggestive）關聯[107]。

　　條文定義不明確，不僅導致法院適用上的困難，也會使被告無所適從，陷入法律不確定性的風險之中，是以，司法實務有必要協助界定「喚起」的範圍，避免無邊無際的將各種情境的聯想涵蓋其中[108]。此外，進行解釋的同時，也須要考量地理標示的保護目的，「喚起」之概念與商標法下的「混淆誤認」均涉及消費者，法院於適用之時必須做出區別，以避免發生重複規範的情形[109]。

　　另須補充，本款行為依歐盟地理標示規章包括「誤用」、「模仿」及「喚起」三種態樣，「誤用」具有不當使用（inappropriate use）或未經授權使用（unauthorized use）等非

---

[106] Vito Rubino, *From "Cambozola" to "Toscoro": The Difficult Distinction between "Evocation" of a Protected Geographical Indication, "Product Affinity" and Misleading Commercial Practices.* EUROPEAN FOOD AND FEED LAW REVIEW, 12(4), 326-334., 327 (2017).

[107] *Id.*, 327.

[108] *Id.*, 327-328.

[109] *Id.*, 328.

法使用地理標示之意，解釋上較無困難，較難區別者為「模仿」與「喚起」。有論者以為，兩者之差異在於「意圖（intention）」之有無，若為「模仿」，侵權者是有意進行激發（stimulate）或複製（copy）地理標示之行為，反之，若為「喚起」，則侵權者無論是否具備主觀意圖，均會構成本款禁止行為[110]。因此，基於「喚起」之文義解釋範圍較前兩者更為廣泛且模糊，下述將著重法院對於「喚起」之詮釋，作為本段論述之核心。

2.「喚起」的開端：義大利 Gorgonzola 起司案

　　有關「喚起」，歐盟法院係於 1999 年義大利 Gorgonzola 起司案[111]首次賦予定義，所謂「喚起」係指產品名稱包含了部分受保護地理標示之情形，當消費者面對（confront）該產品名稱時，其腦海中被觸發（trigger）之印象（image）係「使用該產品名稱之產品為受地理標示保護之產品」[112]。在此案，法院以「Cambozola」與地理標示「Gorgonzola」均以完全相同的音節拼字做結尾，兩個詞彙的音節數量也相同，兩者在視覺與發音近似性是顯而易見的，作為「Cambozola」確

---

[110] *Id.*, 323.

[111] Case C-87/97, *Consorzio per la Tutela del Formaggio Gorgonzola v. Käserei Champignon Hofmeister GmbH&Co. KG, & Eduard Bracharz GmbH*, 1999 E.C.R. I-01301.

[112] *Id.*, para. 25.

實有發生喚起地理標示「Gorgonzola」情形之理由[113]。

值得注意的是，歐盟法院在義大利 Gorgonzola 起司案除了初步定義了「喚起」一詞外，也描繪出一些發生「喚起」的行為特色。即使系爭產品與地理標示產品之間並無發生混淆誤認之虞，甚至僅是系爭產品名稱或商標與受保護地理標示有相互呼應（echo）的情況，均有可能觸發「喚起」之禁止行為[114]。此外，縱有在產品包裝或其他部分指示產品之真正地理來源，仍不影響「喚起」之成立[115]，法院除了評價產品名稱或商標之間的關聯程度外，亦可併入廣告素材的內容輔助考量[116]。

3.概念上接近

義大利 Gorgonzola 起司案雖然初步定義了喚起，卻未給予以詳盡，本款「喚起」與前款「使用」之區別仍不明確，尚須更多實務案件持續堆砌演譯。經過了多年，法院終於在 2008 年義大利帕瑪森起司案[117]突破了「高度近似」之情境，認為成立喚起，除了發音上或視覺上近似外，亦應涵蓋概念上接近（conceptual proximity）。

---

[113] *Id.*, para. 27.

[114] *Id.*, para. 26.

[115] *Id.*, para. 29.

[116] *Id.*, para. 28.

[117] Case C-132/05, *Commission of the European Communities v. Federal Republic of Germany*, 2008 E.C.R. I-00957.

（1）義大利帕瑪森起司案

該案地理標示「Parmigiano Reggiano」為知名義大利起司，由於系爭產品名稱「Parmesan」一詞涉及翻譯「Parmigiano Reggiano」，歐盟執委會於 2003 年要求德國聯邦政府對於「Parmesan」是否侵害「Parmigiano Reggiano」做出回應[118]。對此，德國聯邦政府主張「Parmesan」起司為源自於德國帕瑪（Parma）地區的起司，具有歷史淵源之意義，此外，「帕瑪森」已經成為硬起司（hard cheese）市場的通用名稱，故不存在侵害「Parmigiano Reggiano」地理標示之情形[119]。

對於「Parmesan」及「Parmigiano Reggiano」之間的關聯性問題，法院認為，「喚起」之成立並不以系爭產品與地理標示產品之間有發生混淆誤認之虞，或者兩者有名稱上相互呼應之情況為限，「Parmesan」起司與「Parmigiano Reggiano」起司之間，除了存在視覺上與發音上近似，兩者的產品外觀亦具有相似性[120]。此外，無論「Parmesan」是否為「Parmigiano Reggiano」的準確翻譯，最重要的是相互比較系爭產品名稱與地理標示在各自語言上的意義，並以消費者接觸到系爭產品及產品名稱時，其腦海中是否會出現系爭產品為受地理標示「Parmigiano Reggiano」所保護之產品，來判斷是否有形成

---

[118] *Id*., para. 10.

[119] *Id*., para. 11.

[120] *Id*., para. 46.

「概念上接近」[121]。

　　而對於德國聯邦政府在通用名稱上的主張，法院則強調，若德國政府若欲主張「帕瑪森」已於硬起司市場中通用化，需要提供更多有關兩個產品的生產與銷售資料，以及德國與其他會員國之消費者如何看待「帕瑪森」一詞的全面性觀點，始得判斷「帕瑪森」是否已經成為通用名稱[122]，然德國政府並未就以上這兩點提供完足的證據[123]。

　　（2）法國 Calvados 白蘭地案

　　在 2016 年法國 Calvados 白蘭地案[124]，法院將義大利帕瑪森起司案有關「概念上接近」之見解予以延伸。「Calvados」為一取得地理標示保護之法國白蘭地，歐盟執委會認為芬蘭酒商 Viiniverla Oy 將「Verlados」使用於蘋果蒸餾酒，有侵害法國地理標示「Calvados」之虞，故於 2012 年請求芬蘭主管機關就「Verlados」產品名稱做出回應[125]。芬蘭主管機關則認為 Verla 本為該蘋果蒸餾酒之產地，兩者之間僅有最後幾個字母「ados」相同，應不足已發生「喚起」[126]。

　　法院在此案指出，是否有發生「利用地理標示聲譽」之情

---

[121] *Id*., paras. 47-48.

[122] *Id*., para. 54.

[123] *Id*., para. 57.

[124] Case C-75/15, *Viiniverla Oy v. Sosiaali-ja terveysalan lupa-ja valvontavirasto*, (CJEU, 21 January 2016).

[125] *Id*., para. 11.

[126] *Id*., para. 12.

形，將是構成「喚起」與否的判斷重點之一。法院認為，有必要確認「系爭產品名稱或商標所涵蓋之產品，與受保護地理標示所涵蓋之葡萄酒產品，不僅未於公眾之間產生聯繫，亦不會發生貿易商（trader）不當利用地理標示聲譽」之事實[127]，始得完全排除系爭產品名稱在「利用地理標示聲譽」方面之嫌疑。

此一見解在蘇格蘭威士忌案進一步具體化，法院指出，無論是系爭產品名稱或商標與地理標示之間係發音上或視覺上近似，又或者兩者之間具有概念上接近，以上均僅為判斷是否構成「喚起」的因素（factor）之一[128]。

（3）蘇格蘭威士忌案

蘇格蘭威士忌案與前兩案最顯著的不同在於，該案的系爭產品名稱「Glen Buchenbach」與「蘇格蘭威士忌（Scotch Whisky）」地理標示並不存在任何文字上的共通性，但蘇格蘭威士忌協會依舊透過本款「喚起」行為，成功說服法院認定「Glen」一字有「喚起」消費者對於蘇格蘭威士忌印象之虞，而有利用地理標示聲譽之嫌，以下分析歐盟法院對於「喚起」行為態樣之闡釋。

法院認為，即使系爭產品名稱與地理標示之間欠缺任何的相似性（similarity），仍有可能構成「喚起」，構成「喚起」

---

[127] *Id*., para. 48.

[128] Case C-44/17, para. 49.

之決定性標準為，當消費者接觸系爭產品名稱時，直接於其腦海中產生系爭產品係受地理標示所保護產品之印象[129]。成立「喚起」的關鍵在於，系爭產品名稱與受保護地理標示對於公眾而言，是否會產生聯繫，且兩者之間的聯繫須達到「明確且直接之連結（clear and direct link）」的程度[130]。系爭產品是否指示其產品之真正製造地均非所問[131]，在判斷是否構成「喚起」時，更不須將系爭產品名稱的前後文與相關背景納入考量[132]。

同樣的概念亦於 2019 年的西班牙 Queso Manchego 起司案[133]被提及，法院於該案提到，所謂「喚起」不僅適用於以觸發地理標示「文字」的形式實現，而應涵蓋至所有能在消費者腦海中出現之「與地理標示有關的任何形象符號」[134]。

值得一提的是，蘇格蘭威士忌案所提及之各個「喚起」的要件，包括「不須具備相似性要件」、「直接且明確之連結」、「合理消費者的心理印象」以及有「利用、削弱、淡化或惡化地理標示之聲譽」之情形，均已納入地理標示規章草案

---

[129] *Id.*, para. 51.

[130] *Id.*, para. 53.

[131] *Id.*, para. 59.

[132] *Id.*, para. 60.

[133] Case C-614/17, *Fundación Consejo Regulador de la Denominación de Origen Protegida Queso Manchego v. Industrial Quesera Cuquerella SL &, Juan Ramón Cuquerella Montagud* (CJEU, 2 May 2019).

[134] *Id.*, para. 18.

條文，成為「喚起」之明文定義[135]。

4.消費者之於「喚起」

在蘇格蘭威士忌案，法院提到了「消費者」在判斷是否發生「喚起」時所扮演的角色，詳言之，「消費者」作為是否構成「喚起」的判斷標準，究竟應由何種群體來擔任之？蓋「喚起」涉及心理與認知層面，不同的消費者群體會有不同的歷史文化背景，其所思所想亦會有所差異。

在法國 Calvados 白蘭地案，歐盟法院除了描繪出構成「喚起」的情境外，也提及「公眾」是否發生「喚起」之判斷基準：「平均消費者（average consumer）」[136]。所謂「平均消費者」係指「知情（reasonably well informed）且為具備合理觀察能力及謹慎態度者（reasonably observant and circumspect）」，並須涵蓋歐盟整體之消費者，而不得限於單一會員國[137]。法院在西班牙 Queso Manchego 起司案亦提到，一般歐盟消費者的範圍，須包括系爭標示產品之製造國的消費者，或系爭標示產品之主要銷售國的消費者[138]。換言之，基於地理標示規章為整個歐盟一體適用且為統一標準，系爭產品名稱是否會「喚起」受保護地理標示，確實須以歐盟全體會員

---

[135] Article 27.3 of *Proposal for GI*, COM(2022) 134 final.

[136] Case C-75/15, paras. 25, 28.

[137] *Id.*, paras. 25, 28; *Supra* note 61, para. 56.

[138] Case C-75/15, paras. 49,50.

國之消費者認知作為基準，完整考量不同國家對於系爭產品名稱與地理標示之間關聯性的看法，進而評估兩者之間的聯想狀態，始得確定是否已經達到足以成立「喚起」之程度。然而，有論者主張，前述所定義之「一般歐盟消費者」仍不夠明確，消費者還應進一步區分成「地理標示產品消費者」以及「一般廣大消費者」，而究竟「平均歐盟消費者」應以何種消費者群體的觀點為主，也將影響「喚起」心理與認知的形成，然此部分歐盟法院尚未做出相關見解[139]。

除了由誰來擔任消費者的問題，消費者所需判斷者為何，亦是地理標示與商標侵權作出區隔的重要提問，蓋「消費者認知」同時也是商標侵權中「混淆誤認之虞」的判斷依據。

不同於一般商標法讓消費者來擔當判斷「是否發生混淆誤認」之欺騙性評估標準，在地理標示侵權案件中，消費者的角色更著重在協助法院判斷系爭產品名稱與地理標示之間「是否已產生不當連結」。若從公共利益之角度觀察，縱使地理標示具有更高程度的消費者保護，以及確保生產者市場公平競爭秩序之目的，雖較商標法更為強化，但以上目的也同時為商標法所涵蓋，兩者之間的差異仍不明顯。但若進一步考量前述公共利益以外之目的，尤其是地理標示具有將生產者對於地理名稱聲譽的貢獻，透過賦予專有權的方式來具體化之意義，則消費者於兩種不同侵權案件所扮演之角色差異將較容易被凸顯

---

[139] Verbeeren & Vrins, *Supra* note 57, 325.

[140]。詳言之，由於消費者是否產生「不當連結」已屬於是否發生「混淆誤認」之前階段問題，法院在地理標示侵權案件中，選擇將「消費者認知」應用於「不當連結」的判斷上，顯然是更看重地理標示在消費者保護以外之其他目的實踐（如生產者利益保障等）。

（三）任何其他錯誤或誤導之指示

法院對於「喚起」的詮釋也進一步被延伸至本款「任何其他錯誤或誤導之指示」，在蘇格蘭威士忌案，法院認為，所謂「任何其他錯誤或誤導之指示」規定包括任何可能發現疑似有虛假或誤導性指示的各種媒介[141]，亦即，系爭產品名稱本身沒有喚起受保護地理標示，但產品其他指示所傳達的資訊會讓他人發生錯誤或誤導他人該產品與受保護地理標示有所關聯。

歐盟地理標示所禁止之行為，並不限於產品名稱或商標等以「標題短語」呈現形式而引發聯想的情況[142]，而是將任何產品上可能出現的資訊，只要有發生與地理標示產生聯繫的情形，均得予以評價[143]。法院重申了發生「喚起」之判斷標

---

[140] Rubino, *Supra* note 106, 330-331.

[141] Case C-44/17, para. 64.

[142] Vadim Mantrov, *Do you Prefer Scotch or German Whisky? CJEU Judgement in the Scotch Whisky and Glen Buchenbach Dispute*, EUROPEAN JOURNAL OF RISK REGULATION, 9(4), 719–729, 728 (2018).

[143] Verbeeren & Vrins, *Supra* note 57, 318.

準，並將之應用於本款之「指示」，在判斷系爭產品之「指示」是否與地理標示發生聯想時，被用來審視之「指示」將不允許與產品的其他描述、外觀或標示所附帶之任何資訊一同檢驗[144]。若系爭錯誤或誤導之指示可以因為前後文或相關背景而正當化，則本款行為規範將失去意義，故產品「指示」之前後文與相關背景將不會被考量在內[145]。

（四）任何其他可能誤導消費者之行為

本款「任何其他可能誤導消費者之行為」為地理標示保護範圍條文之概括條文，歐盟法院於 2020 年之法國 Morbier 起司案[146]對於何種行為將構成本款之「任何行為」做出解釋。

「Morbier」起司於 2000 年 12 月 22 日取得地理標示保護，被告 Société Fromagère du Livradois 則為一自 1979 年即開始生產「Morbier」起司者。由於地理標示之取得係於被告開始生產之後，依法規，被告僅得於 2007 年 7 月 11 日前持續使用「Morbier」於其產品標示。因此，在 2007 年後，被告以「Montboissié du Haut Livradois」取代「Morbier」為其產品標示。值得注意的是，「Montboissié du Haut Livradois」早已於

---

[144] Case C-44/17, para. 54.

[145] *Id.*, para. 71.

[146] Case C-490/19, *Syndicat interprofessionnel de défense du fromage Morbier v. Société Fromagère du Livradois SAS* (CJEU, 17 December 2020).

2001 年 10 月 5 日於美國申請註冊取得商標權，並於 2008 年順利延展 10 年，此外，被告亦於 2004 年將「Montboissier」相法國申請註冊成為商標[147]。

　　原告 Morbier 起司生產與管理組織於 2013 年對於 Société Fromagère du Livradois 提出指控，主張被告生產並銷售了與「Morbier」起司視覺外觀相似的起司，藉此從「Morbier」起司之形象知名度中受益，已構成攀附與不公平競爭之情形[148]。

　　第一審巴黎地方法院判決原告勝訴，卻在第二審遭上訴法院推翻。上訴法院認為系爭產品「Montboissié」起司雖與「Morbier」起司相同，均有位於起司中間的一條藍色水平線，然該藍色水平線對於「Montboissié」起司而言具有歷史傳統意義，且「Montboissié」起司所使用之起司製作技術是在「Morbier」起司取得保護以前即已開始實施。法院從技術面及原料面分析「Montboissié」起司與「Morbier」起司的差異，得出兩者本質上是相異之起司，並譴責原告試圖透過擴張地理標示「Morbier」的方式來確保商業利益，已然違反自由競爭之原則[149]。原告將案件上訴至最高法院，原被告雙方就「任何其他可能誤導消費者之行為」之適用情形究竟為何有所

---

[147] *Id*., paras. 12-13.

[148] *Id*., para. 14.

[149] *Id*., para. 16.

爭議。

原告認為，被告將「Morbier」起司中間的一層「煤灰線（cinder line）」特徵（即藍色水平線）用於「Montboissié」起司，容易誤導消費者對於產品之真正地理來源[150]。被告則認為，本款「任何其他可能誤導消費者之行為」，不能僅以產品外觀形狀為斷，尤其是在產品包裝並沒有任何與地理標示相關之說明出現的情況[151]。

本件最核心的爭議為，究竟「複製地理標示產品形狀或外觀」是否為本款之「任何其他可能誤導消費者之行為」，而得構成地理標示侵害。對此，法院認為，本款「任何其他可能誤導消費者之行為」應以無法被前三款行為所涵蓋之情況為主，以此加強對於地理標示之保護程度[152]，考量到本款文字適用上的開放性，本件所涉及之「複製地理標示產品形狀或外觀」的情形，縱使其產品名稱或說明並未出現誤導消費者之情形，仍有可能會落入禁止行為範疇[153]。

法院並參考蘇格蘭威士忌案對於「喚起」之決定性標準，即當消費者接觸系爭產品名稱時，將直接於腦海中產生系爭產品為受地理標示所保護產品之印象[154]。因此，只要消費者可

---

[150] *Id.*, para. 17.

[151] *Id.*, para. 18.

[152] *Id.*, paras. 27-29.

[153] *Id.*, para. 39.

[154] *Id.*, para. 26. Also see C-44/17, para. 51.

能因為其「複製地理標示產品形狀或外觀」的行為，進一步
對於產品與地理標示之關聯性產生聯想，即成立本款之禁止
行為[155]。

（五）分析

綜合前述歐盟法院對於各款禁止行為之解釋，整理各款行
為之態樣如下（參見下表「地理標示侵權條文關係表」）：

1. 「直接或間接商業使用」指系爭產品名稱使用了相同
   或近似於地理標示者，包括以翻譯或通用名稱的方式
   使用。
2. 「誤用、模仿或喚起」主要是針對「產品名稱或商
   標」等標題型短語類型，只要是消費者在接觸到系爭
   產品名稱時，腦海中會出現使用系爭產品名稱之產品
   為受地理標示保護產品之印象，即屬禁止之列。
3. 「任何其他錯誤或誤導之指示」則是就「產品名稱或
   商標以外之指示」為規範，系爭產品向消費者傳達之
   任何資訊，只要發生使消費者誤認該產品為地理標示
   產品之可能，則落入本款禁止行為之範疇。
4. 「任何其他可能誤導消費者之行為」為概括條款，將
   無法適用前三款之行為涵蓋在內，只要是會導致消費

---

[155] Case C-490/19, para. 41.

者對地理來源出現不當聯想、發生錯誤或有所誤導之情形，包括商品之形狀與特徵，均為本款所禁止。

表 2：地理標示侵權條文關係表（作者自製）

條文	意義	效果
(a) 直接或間接商業使用	系爭產品名稱，使用相同或近似於地理標示之名稱，包括以翻譯的型態使用名稱	● 更高程度的消費者保護 ● 維持生產者的競爭秩序
(b) 誤用、模仿或喚起	系爭產品名稱使消費者腦海中產生受保護地理標示之聯想	● 保護地理標示的傳統品質及聲譽 ● 避免他人搭便車
(c) 任何其他錯誤或誤導之指示	系爭產品指示向消費者傳達之資訊，使消費者誤認該產品為地理標示產品	● 擴張「喚起」之評價範圍 ● 更廣泛的保護地理標示
(d) 任何其他可能誤導消費者之行為	任何前述條款所無法涵蓋之行為，包括產品外觀導致他人聯想或誤導之情況	● 擴張「喚起」之評價範圍 ● 全面保護地理標示之「形象」

地理標示規章透過第(a)款「直接或間接商業使用」，提供了更高程度的消費者保護，以及維持生產者競爭秩序，再以第(b)款「誤用、模仿或喚起」將地理標示之保護提升至地理標示之聲譽，而第(c)款「任何其他錯誤或誤導之指示」與第(d)款「任何其他可能誤導消費者之行為」更延伸了「喚起」

的概念，將被用來評價是否發生「聯想」之標的，進一步擴張至產品說明、外觀與形狀等其他資訊，全面涵蓋所有在行銷面上可能發生之搭便車行為。

　　歐盟對於地理標示之保護已然更勝於商標法對著名商標之保護[156]，蓋其所規範者已涉及可能導致「聯想」與「喚起」之情況。歐盟對於地理標示之保護，不僅是為了確保地理標示的聲譽，同時也在意生產者對於地理標示產品之品質所投入之成本，希望能藉由消費者正確認識到地理標示後做出消費決定，確實的將利益回饋予生產者[157]。

三、小結

　　歐盟身為地理標示的倡議方，自 1992 年制定地理標示規章並經歷多次的修法調整，逐步形塑出以「特別權利」方式保護地理標示的規範架構，不僅讓地名成為一種權利，更發展出與商標法截然不同的侵權規則，提供地理標示更為全面的保護。不過，全新的制度與規則也形成了許多的不確定性，例如：地理標示與商標之間的新舊權利衝突、地理標示侵權規則解釋，以及地理標示保護範圍等議題。事實上，觀察歐盟歷年

---

[156] 不過，須注意者為，著名商標有跨類別行使權利之效果，地理標示在跨類別權利主張則尚不明確。

[157] KUR & DREIER & LUGINBUEHL, *Supra* note 30, 450.

的地理標示侵權訴訟亦可發現，最常與地理標示產生者即為商標，此中，「喚起」是最常被援引提起侵權訴訟者。

本章挑選自 1999 年起幾個重要之歐盟地理標示侵權案件，梳理歐盟法院之侵權判準（詳參下圖「歐盟法院地理標示涉訟案件時間軸」），義大利 Gorgonzola 起司案作為「喚起」的開端，為歐盟法院首次定義地理標示侵權規則中之「喚起」一詞，但也因法院將「系爭名稱包括部分受保護地理標示者」納入「喚起」之範疇，導致後續出現一連串「使用」與「喚起」難以區分的狀況，如義大利 Parmesan 起司案（2008）與法國 Calvados 案（2016）均為涉及地理標示「翻譯」者，卻法院在判決時援引不同條文判定侵權之情形[158]。其他案件如法國干邑白蘭地案（2011）、葡萄牙波特酒案（2017）、法國香檳案（2017），發音、視覺與概念上近似經常成為法院判定是否構成侵權的主要論點，法院始終沒有做出明確的區分標準，此一混亂情形直至 2018 年蘇格蘭威士忌案才獲得解決。

---

[158] 義大利 Parmesan 起司案（2008）係以「喚起」為判決基礎；法國 Calvados 案（2016）則是以「使用」為裁判依據。

圖 2：歐盟法院地理標示涉訟案件時間軸（作者自製）

　　在蘇格蘭威士忌案（2018），系爭名稱 Glen Buchenbach 為一完全未涉及「蘇格蘭威士忌」之產品名稱，甚至其產品已標示真實產地為德國，並以德文作為產品描述之語言，然而，歐盟法院透過區分「使用」與「喚起」兩種行為態樣的方式，並將「喚起」的審視範圍延伸至行銷用語，最終仍將系爭名稱 Glen Buchenbach 納入了「喚起」一詞的射程範圍之中。

　　歐盟法院對於「喚起」一詞的見解演譯，除使得地理標示侵權之行為態樣得以區分，歐盟地理標示保護範圍也隨之明確，尤其是在「行為態樣」與「評價標的」上，歐盟地理標示與一般商標法所適用之侵權規則亦所差異。在「行為態樣」上，歐盟法院先是以第(a)款之「使用」行為，使地理標示得以對於相同或近似之產品名稱發動訴訟，再以第(b)款之「喚起」行為，將可能產生聯想之產品名稱予以涵蓋，此一情境為一般商標法侵權行為所無；而在「評價標的」上，歐盟地理標

示除了對於「短語」型態之產品名稱進行侵權與否的認定外，亦透過第(c)款之「任何其他錯誤或誤導之指示」及「任何其他可能誤導消費者之行為」，將「產品描述」及「產品外觀」納入是否構成侵權之評價範疇。

從本章整理可知，歐盟對於地理標示之保護係以「喚起」為核心，其保護範圍已非單純之「產地」或「地名」詞彙之使用問題，而是將地理標示之「形象（image）」納入權利內涵，提供地理標示及其產品更為全方面之保護。不過，值得一提的是，「喚起」並非專屬於歐盟地理標示保護制度之概念，在美國司法實務中，確實也有出現以「喚起」擴張地理名稱意義之先例，為釐清地理標示兩大陣營之辯論與爭執，以下將從「制度面」與「實務面」來觀察美國地理標示保護模式，作為後續歐盟與美國地理標示保護範圍比較與分析之基礎。

第三章　美國地理標示制度與實務

　　國際上的地理標示議題向來均可分為歐盟與美國兩大陣營，自 1958 年的里斯本協議以來，歐盟以「風土」及「生產者利益保障」作為論述出發點，希望能將其「原產地名稱」及「地理標示」制度納入國際智慧財產權體系之中[159]，然而，美國為首的新世界國家陣營[160]，卻秉持其一貫反對賦予地理標示「特別權利（sui-generis）」之立場，傾向從「公平競爭」與「消費者保護」出發，以既有商標法體系之「證明標章」及「團體商標」等提供保護[161]。

---

[159] Article 2 of Lisbon Agreement for the Protection of Appellation of Origin and their International Registration 1958. [hereinafter "Lisbon Agreement"]

[160] Lina Monten, *Geographical indications of origin: should they be protected and why an analysis of the issue from the U.S. and EU perspectives*, SANTA CLARA COMPUTER & HIGH TECHNOLOGY LAW JOURNAL, 22(2), 315-350 (2006), 334. 有別於一般智慧財產權議題的「南北對抗」型態，在地理標示議題上常以「新舊世界抗衡」來形容，「舊世界」國家陣營包括：歐盟、印度、瑞士等；「新世界」國家陣營則由美國、阿根廷、加拿大、智利等組成。由於「新世界」國家多為移民社會，其歷史文化脈絡承襲自原始居住國家，即「舊世界」國家，在地理標示辯論中，這些「新世界」國家大多認為，文化移植的過程對於「舊世界」國家的「地名」推廣亦有貢獻，故不認同「舊世界」國家僅以在地「風土」為論點，將已經「通用化」之地名重新定義為專屬於在地生產者「權利」之主張。

[161] 許曉芬（2016），〈以證明標章及團體商標保護地理標示之研究〉，《科技法學評論》13 卷 2 期，頁 1-46，頁 6。

　　由於美國並未設計如同歐盟的地理標示特別法規，為因應
TRIPS 區分為非酒類產品之「一般保護標準」及酒類產品之
「特別保護標準」的地理標示保護標準共識，美國在維持既有
商標法體系之前提下，透過修改酒類產品管理法之方式，實現
其身為 WTO 會員國之地理標示保護義務[162]。依美國之規範模
式，產品雖於當地生產，但不當然認為該當地之地名即取得積
極主張權利之資格，換言之，美國並不採納歐盟有關「風土」
的論述，認為這是歐盟為了讓已成為產品類別「通用名稱」之
歐盟城市地名重新獲得敗部復活機會之保護主義手法[163]。因
此，即使該地名被認定係屬「非通用名稱」，其效果僅限於消
極之不得註冊成為商標，若欲積極主張權利，仍必須基於「團
體商標」或「證明標章」等商標法上地位，並以商標法之侵權
規則行使權利。在美國之立場，商標法與普通法下的「公平競
爭」與「消費者保護」內涵已足以涵蓋對地名之保護，而無須
發展全新之權利態樣與侵權規則。

　　美國雖調整法規回應了 TRIPS 之地理標示國際義務，卻仍

---

[162] Laura Zanzig, *The perfect pairing: protecting u.s. geographical indications with sino-american wine registry*, WASHINGTON LAW REVIEW, 88(2), 723-758, 735 (2013).

[163] K. William Watson, *Reign of Terroir: How to Resist Europe's Efforts to Control Common Food Names as Geographical Indications*, CATO INSTITUTE POLICY ANALYSIS, (2016).
https://www.cato.org/policy-analysis/reign-terroir-how-resist-europes-efforts-control-common-food-names-geographical. (Last visited: 04.08.2023)

無法滿足歐盟對於地理標示之保護需求，事實上，歐美雙方一直對於地理名稱是否已成為通用名稱無法達成共識，而這些癥結點往往與歐美的歷史文化發展脈絡難以割捨。本章欲探討美國地理標示制度與實務，整理美國 TRIPS 後之地理標示規範模式，將其區分為「原產地名稱」及「產地證明標章」兩種保護模式。此外，為探究聯邦商標法體系之保護模式如何實踐地理標示保護，本章擬以蘇格蘭威士忌協會於美國法院所提起之地理標示侵權訴訟，以及法國干邑之普通法證明標章案例為例，分析美國法院對於前述制度之操作方式及其所建構之侵權判斷標準，據此釐清美國與歐盟地理標示制度之認知與實踐落差。

一、酒類地理標示特別保護──「原產地名稱」

在美國，地理名稱通常被以「描述性用語（descriptive terms）」視之，依聯邦商標法之分類標準，描述性用語在取得後天識別性（secondary meaning）後得註冊成為商標。然而，地名雖為描述性用語，但也具有傳遞資訊之意義，此涉及公平競爭與消費者保護之問題，因此，欲註冊成為商標，尚須在不具備「產品產地關聯性（goods/place association）」的情況下，始得為之[164]。

---

[164] U.S. DEP'T of Commerce Patent & Trademark office, Trademark Manual of Examining Procedure (Jul., 2022), §1210.04. Goods/Place or Services/Place Association.

由於地名只有在不具備「產品產地關聯性」的情況下，始能取得商標保護，此與歐盟「地理標示」概念背道而馳，蓋地理標示所強調者即在於產地對於產品特性之貢獻，地理標示產品必定源自於該地理標示所指示之地理來源。因此，美國在TRIPS之後，為回應地理標示之保護要求，依循TRIPS對於酒類與非酒類產品之不同保護標準，對於聯邦商標法中有關錯誤酒類產品地名註冊成為商標之規定做出調整，並修訂聯邦酒類管理法以加強對「原產地名稱」之保護，然美國始終僅提供這類地名消極「不予註冊」之保護程度[165]。考量到地名之「資訊」意義，顧及當地生產者自由標示地名之競爭需求，若該地名有積極主張權利之需求，仍須以註冊成為「團體商標」或「證明標章」之方式為之，並依商標法侵權行為主張權利。以下整理美國酒類原產地名稱之保護規定，分析聯邦商標法與聯邦酒類管理法所共同構築之酒類地理標示制度，藉由釐清兩者之間的關係以及與TRIPS之互動，並以蘇格蘭威士忌協會於美國所提起之商標異議訴訟為例，分析美國相關制度及司法實務對於酒類地理標示之保護範圍。

（一）酒類原產地名稱

美國有關酒類「原產地名稱」係規定於《聯邦酒類管理

---

[165] Monten, *Supra* note 160, 327-328.

法》，該法課予所有於市場上流通之酒類產品必須確實標示產地，在 TRIPS 以後，基於 TRIPS 對於酒類地理標示更高程度的保護要求，《聯邦酒類管理法》開始將酒類產品之「產品名稱」是否涉及地理標示的問題，列為其是否得上市流通之認證標準之一。然而，是否得據此認為《聯邦酒類管理法》已成為美國地理標示保護之核心，仍有必要釐清《聯邦商標法》及《聯邦酒類管理法》之間的關係始能定論，蓋《聯邦酒類管理法》雖可透過酒類產品上市流通之認證標準來審查其「產品名稱」，但「產品名稱」亦同時涉及「商標註冊核准與否」問題，此應以《聯邦商標法》之要件來判斷。以下將分別從《聯邦商標法》及《聯邦酒類管理法》對於酒類地理名稱之保護模式談起，並釐清兩者規範酒類原產地名稱之方式，並以 TRIPS 為區分時點，探討兩者之間的關係，據此分析由《聯邦商標法》及《聯邦酒類管理法》所共同建構之美國酒類地理標示制度。

第一款　《聯邦商標法》

在 TRIPS 以前，《聯邦商標法》（*Lanham Act*）對於酒類與非酒類產品之地理名稱是否得註冊成為商標並未有區別對待，只要屬於「地理描述（primarily geographically descriptive）用語[166]」，在不具備「產品產地關聯性」並取得

---

[166] 參見林利芝（2015），〈美國商標核准註冊後撤銷之研究——以包含「地名」之商標為例〉，《台灣法學雜誌》第 270 期，頁 27-38，頁 30。是否為

後天識別性之情況下，得註冊成為商標。所謂「產品產地關聯性」係指當消費者接觸此系爭地理名稱與產品時，可能會相信該系爭產品為產自於系爭地理名稱所指示之產地者[167]。欲成立「產品產地關聯性」有三個要件，分別為：(1)系爭標示名稱為普遍知悉之地理位置；(2)產品為系爭名稱所指示地理來源之主要產品；(3)消費者將意識到產品及系爭名稱所指示地理來源之間的聯繫[168]。有論者認為，「產品產地關聯性」具有確保「錯誤」地理名稱描述仍能擁有「正面」涵義之功能[169]。

　　一般而言，「地理描述用語」若屬於產品之「正確」地理描述，基於此類描述之功能即在於指示產品之地理來源供大眾知悉，且經常被生產同一產品之競爭者用於描述各自產品之地理來源，故在「後天識別性」的證明上會較為困難，除非該

　　「地理描述」之審查基準為：(1) 該名稱的主要意義是指示眾所周知的地點；(2)商品產自名稱所指示之地名；Mary LaFrance, *Innovations Palpitations: The Confusing Status of Geographically Misdescriptive Trademarks*, JOURNAL OF INTELLECTUAL PROPERTY LAW, 12(1), 125-149, 128-129 (2004).

[167] *In re Brouwerij Nacional Balashi NV*, 80 U.S.P.Q.2d, 1820, 1827 (T.T.A.B., Aug. 2, 2006).

[168] U.S. DEP'T of Commerce Patent & Trademark office, Trademark Manual of Examining Procedure (Jul. 2022), §1210.01(a). Geographically Descriptive Marks.

[169] Vincent O'Brien, *Protection of the Geographical Indications in the United States of America, in Symposium on the International Protection of Geographical Indications in the Worldwide context*. SYMPOSIUM ON THE INTERNATIONAL PROTECTION OF GEOGRAPHICAL INDICATIONS IN THE WORLDWIDE CONTEXT [CONFERENCE PRESENTATION], 24-25 OCTOBER 1997 ORGANIZED BY WORLD INTELLECTUAL PROPERTY ORGANIZATION (WIPO) IN COOPERATION WITH THE HUNGARIAN PATENT OFFICE, EGER (HUNGARY), 164 (1997).

「正確」地理描述所含有之地名性質較為隱蔽或地處偏遠，消費者不易建立該地理描述與產品之間的聯想，或無從認識其地理意義，否則將因兩者之間存在「產品產地關聯性」，而不得註冊成為商標[170]。

　　至於「錯誤」地理描述是否能註冊成為商標，亦須經「產品產地關聯性」及「識別性光譜（Abercrombie Test）[171]」之審視。透過「產品產地關聯性」檢視此一「錯誤」是否會使消費者誤認產品之真正產地並做出消費決策[172]，倘若「產品產地關聯性」確實不存在，再以「識別性光譜」定義此一「錯誤」之性質究竟係屬於「任意性（arbitrary）用語」抑或是「欺騙性（deceptive）用語」。因此，只要消費者不會認為該地理描述與產品之商業活動或生產具有關聯性，即使該地理描

---

[170] 林利芝，同註 166，頁 30。

[171] *Abercrombie & Fitch Co. v. Hunting World, Inc.*, 537 F.2d 4, 9 (2d Cir. 1976).「識別性光譜」將商標名稱之註冊適格性區分為四個標準，分別為：「幻想性或任意性名稱」、「暗示性名稱」、「描述性名稱」及「通用名稱」。該文亦指出，美國實務有關「通用名稱」之另一判斷方式──「主要意義判準（The Primary Significance Test）」，係以相關名稱於消費大眾之「主要意義」為斷，若社會大眾將以「產品本身」視之，將該相關名稱認定為屬於一種產品類別，則落入「通用名稱」之範疇；若社會大眾會以「產品來源」視之，肯認該相關名稱具有指示產品來源的效果，則得註冊成為商標。「識別性光譜」與「主要意義判準」之詳細說明，可參王敏銓（2004），〈美國商標法上識別性之研究〉，《智慧財產權月刊》第 67 期，頁 87-106，頁 88-90、103-104。

[172] U.S. DEP'T of Commerce Patent & Trademark office, Trademark Manual of Examining Procedure (Jul. 2022), §1210.01(b). Geographically Deceptively Misdescriptive Marks.

述會被歸類於「描述性用語」或「通用詞彙」，但因其不涉及對於產品性質、成分、功用之描述或暗示，故該「錯誤」之地理描述將被認為是「任意性用語」[173]。依聯邦商標法識別性程度標準，「任意性用語」具備先天識別性，應得註冊成為商標；反之，若消費者會相信該產品係源自於系爭錯誤之產地名稱，且此一錯誤認知將對於消費者之購買決策產生影響，則此一「錯誤」地理描述將被認定屬於「欺騙性用語」[174]。

　　然而，並非所有「欺騙性地理描述」均不得註冊成為商標，仍須再檢視「欺騙性」之性質[175]。參酌 1946 年《聯邦商標法》對於商標不予註冊事由之規定，欺騙性地理描述又分為第 2 條(a)項所規定之「欺騙性不實地理描述（geographically deceptive）」[176]以及第 2 條(e)(3)項之「欺騙性錯誤地理描述（primarily geographically deceptively misdescriptive）」[177]。若「欺騙性用語」屬於前者，因該商標可能導致產地詐欺之問題，並且可能影響消費者之購買決策，當然不得註冊成為商標；反之，若為後者，雖被列為不予註冊商標之事由，但第 2

---

[173] U.S. DEP'T of Commerce Patent & Trademark office, Trademark Manual of Examining Procedure (Jul. 2022), §1210.04(d). Arbitrary Use of Geographic Terms.

[174] O'Brien, *Supra* note 169, 164.

[175] Robert Brauneis, *Geographic trademarks and the protection of competitor communication*, THE TRADEMARK REPORTER, 96(4), 782-849, 793 (2010).

[176] 15 U.S.C §1052(a).

[177] 15 U.S.C §1052(e)(2).

條第(f)項亦規定，若能提出具後天識別性之證據，表明此類型之「錯誤」地理描述並非用於指示地理來源，而是為表彰特定生產者，則仍得依法註冊成為商標[178]。有論者指出，由於消費者在接觸此類錯誤地理名稱描述時，不會相信產品是源自於該錯誤之地理來源，又或者是縱使相信該產品是源自於該錯誤地理來源，此一錯誤認知並不會進一步影響到消費者的消費決策，在此情況之下，並無不許此一類型之「錯誤」地理描述註冊成為商標之理由[179]。

　　從前述可知，在 TRIPS 之前，《聯邦商標法》允許部分類型之「錯誤」地理描述於取得後天識別性以後得註冊成為商標，然此一標準已於 TRIPS 之後有所更動。TRIPS 第 22.2 條規定[180]：「會員應提供地理標示之利害關係人法律途徑以防止：(a)於標示或展示商品時，使用任何方式明示或暗示系爭商品係產自非其實際產地之其他地理區域，而有致公眾誤認該商品之地理來源者；(b)構成巴黎公約（1967）第十條之二規

---

[178] 15 U.S.C §1052(f) (1946); Brauneis, *Supra* note 175, 796.

[179] O'Brien, *Supra* note 169, 135-136.

[180] Article 22(2) of TRIPS, "In respect of geographical indications, Members shall provide the legal means for interested parties to prevent: (a) the use of any means in the designation or presentation of a good that indicates or suggests that the good in question originates in a geographical area other than the true place of origin in a manner which misleads the public as to the geographical origin of the good; (b) any use which constitutes an act of unfair competition within the meaning of Article 10bis of the Paris Convention (1967)." 翻譯參考經濟部智慧財產局《與貿易有關之智慧財產權協定》中文版。

定之不公平競爭之任何使用行為。」依前述規定，TRIPS 要求會員國對於「非酒類產品」之地理標示，須確保其不會導致公眾發生地理來源之混淆誤認，並須防止不公平競爭之情形發生，此係對於非酒類產品之「一般保護標準」[181]。又「酒類地理標示」則規定於第 23.1 條[182]：「會員應提供利害關係人法律途徑，以防止將葡萄酒或烈酒之地理標示，使用在非產自該地理標示所表彰地區之葡萄酒或烈酒，即使其標示商品之真實產地，或者其係以翻譯之方式使用，或伴以『同類』、『同型』、『同風格』、『相仿』或其他類似的說明 4。」由此可知，TRIPS 要求會員國須提供酒類產品更高程度之地理標示保護，有關「酒類地理標示」，縱其使用並未發生地理來源混淆誤認之情事，只要產品非源自於該酒類地理標示所指示之地理來源者，即無權使用該地理標示，此為對於酒類產品提供更高保護程度之「特別保護標準」[183]。

　　TRIPS 雖未強制會員國應以何種方式實現地理標示保護，

---

[181] Zanzig, *Supra* note 162, 733.

[182] Article 23(1) of TRIPS, "Each Member shall provide the legal means for interested parties to prevent use of a geographical indication identifying wines for wines not originating in the place indicated by the geographical indication in question or identifying spirits for spirits not originating in the place indicated by the geographical indication in question, even where the true origin of the goods is indicated or the geographical indication is used in translation or accompanied by expressions such as "kind", "type", "style", "imitation" or the like." 翻譯參考經濟部智慧財產局《與貿易有關之智慧財產權協定》中文版。

[183] Zanzig, *Supra* note 162, 733-734.

但其區分非酒類產品之「一般保護標準」與酒類產品之「特別
保護標準」的不同地理標示保護程度規定,仍使得會員國必須
調整其內國法規,以符合 TRIPS 國際義務[184]。美國在 TRIPS
之後,雖未採取如歐盟般之特別權利模式,但也對於「錯誤」
地理描述註冊成為商標之規定做出調整,將第 2 條(e)(3)項之
「欺騙性錯誤地理描述」,從原先得舉證「後天識別性」註冊
成為商標之列中移除[185]。換言之,新法已不再區分「欺騙
性」之性質,無論是「酒類」或「非酒類」產品,只要涉及
「錯誤」地理描述,有導致公眾發生混淆誤認產地之虞,可能
影響公平競爭,一律喪失註冊成為商標之適格性,至於其是否
具備後天識別性,均非所問[186]。另外,因應 TRIPS 對於酒類
地理標示之「特別保護標準」,有關「酒類產品」之地理名
稱,「產品產地關聯性」已不再適用,即使消費者不會將產品
與產地相互聯想,只要涉及酒類產品之地理名稱,即不得註冊

---

[184] Zanzig, *Supra* note 162, 735-736.

[185] 15 U.S.C §1052(f). "Except as expressly excluded in subsections (a), (b), (c), (d),
(e)(3), and (e)(5) of this section, nothing in this chapter shall prevent the
registration of a mark used by the applicant which has become distinctive of the
applicant's goods in commerce…" 粗體為作者所加。

[186] 參林利芝,同註 166,頁 31-34;LaFrance, *Supra* note 166, 136. footnote 43:
"Congress implemented this requirement by amending the Lanham Act to bar
registration, with respect to wines or spirits, of any false geographic indications
of origin-a prohibition that seems broad enough to preclude the use of totally
arbitrary marks (analogous to the classic "Alaska" bananas) as well as
nonarbitrary misdescriptive geographic marks that nonetheless have achieved
distinctiveness through secondary meaning."

成為商標[187]。又為緩和修法對於現已流通產品之衝擊,《聯邦商標法》訂有祖父條款(Grandfather clause),有關非酒類產品之已註冊「錯誤」地理描述,若是於 1993 年 12 月 8 日前即已取得後天識別性,仍得繼續保有商標權[188];酒類產品則以 1996 年 1 月 1 日 (TRIPS 生效之日)為準,倘若在該時點前,已確實於商業上使用(used in commerce)相關酒類地理標示,則雖為「錯誤」地理描述,該已取得之商標權亦得繼續存在[189]。

第二款　《聯邦酒類管理法》

美國除了依 TRIPS 之地理標示保護標準而調整《聯邦商標法》有關商標涉及地理描述之註冊判斷標準外,亦修訂了《聯邦酒類管理法》(*Federal Alcohol Administration Act*, FAAA)[190],該法除有規範美國境內上市流通酒類產品之地理名稱使用規則,亦將境內與境外之酒類地理名稱,依該名稱於美國境內之「通用化程度」區分為「通用名稱(generic)」、「半通用名稱(semi-generic)」及「非通用名稱(non-generic)」

---

[187] O'Brien, *Supra* note 169, 166; Paul J. Heal, *Trademarks and Geographical Indications: Exploring the Contours of the TRIPS Agreement*, VANDERBILT JOURNAL OF TRANSNATIONAL LAW, 29(3), 635-660, 651-652 (1996). 該文進一步表示,美國於 TRIPS 後並未將「地理標示」定義明文化,僅對於涉及地理標示名稱之商標註冊標準進行調整。

[188] 15 U.S.C. §1052(f).

[189] 15 U.S.C. §1052(a).

[190] Zanzig, *Supra* note 162, 737.

等不同等級之分類，提供不同程度之保護[191]。而在 2006 年美國與歐盟簽訂《歐洲共同體與美國葡萄酒貿易協定》（*Agreement between the European Community and the United States of America on trade in wine*，下稱《歐美葡萄酒貿易協定》）以後，美國亦針對《歐美葡萄酒貿易協定》所談判合意地理名稱進行調整，承諾將嚴格限制這類地理名稱被用於非源自於該產地之酒類產品上[192]。

美國雖未採取歐盟之地理標示特別權利模式，但《酒類管理法》中仍有對於酒類產品之地理來源標示做規定。在美國，任何酒類產品均須取得「標示批准證書（Certificate of Label Approval, COLA）」，始得上市流通[193]。欲取得 COLA，可向菸酒稅務與貿易局（Alcohol and Tobacco Tax and Trade Bureau, TTB）申請（原主管機關為「菸酒槍炮及爆裂物管理局（Bureau of the Alcohol, Tobacco and Firearms Division, BATF）」）[194]，唯有符合《酒類管理法》所規範之全部酒類產品標準者，如組成、成分及標示要求等，始能取得 COLA，

---

[191] Zanzig, *Supra* note 162, 741.

[192] Annex IV of the Agreement between the European Community and the United States of America on trade in wine.

[193] 27 C.F.R. §4.50(a) (2006).

[194] 27 C.F.R.§13 (2006).須進一步說明者為，美國酒類主管機關原為菸酒槍炮及爆裂物管理局（Bureau of the Alcohol, Tobacco and Firearms Division, BATF），在 2003 年 TTB 成立以後，因應組織改組，有關菸酒產品之稅收業務現已移轉予 TTB，故於 2003 年以後，酒類管理法主管機關應為 TTB，本書為求行文流暢，將以 TTB（BATF）之方式稱主管機關。

此一規定之目的具有避免酒類產品標示出現不公平競爭或發生非法行為之意義[195]。

《酒類管理法》要求在美國販售之酒類產品需標明地理來源[196]，該法第 4.25 條「原產地名稱（Appellations of origin）」被認為是美國之酒類地理標示規定[197]。值得進一步說明的是，美國「原產地名稱（Appellations of origin）」與法國「原產地名稱（Appellation d'Origine Contrôlée）」有相同之命名翻譯，但是兩者之意義卻大不相同。法國 Appellation d'Origine Contrôlée 將產地之人文與自然因素意涵納入其中，除了具有指示地理來源之功能外，亦象徵著品質，欲將 Appellation d'Origine Contrôlée 使用於產品之上，該產品除須確實源自於所指示地理來源外，更須符合該 Appellation d'Origine Contrôlée 之產品規範書對於產品從種植原料到製成方法之嚴格要求[198]。與法國 Appellation d'Origine Contrôlée 相比，美國 Appellations of origin 則是單純對於葡萄栽種區域之描述。美國將酒類產品之地理來源以「原產地名稱（Appellations of origin）」保護，經常以行政區域邊界來劃定範圍[199]。另有地

---

[195] O'Brien, *Supra* note 169, 167.

[196] 27 C.F.R. §4.24 (2006).

[197] 27 C.F.R. §4.25(a) (2006).

[198] O'Brien, *Supra* note 169, 167-168.

[199] 27 C.F.R. §4.25(a) (2006).「原產地名稱」係指示葡萄之地理來源，只要 75% 的葡萄係源自於該「原產地名稱」，即可標示之。

理來源範圍更為精確之「葡萄栽種區（Viticultural areas, VAs）[200]」，此則以經認證之地理特徵區域為主，如 Napa Valley（納帕谷）、Sonoma Valley（索諾瑪谷）等[201]。

　　回歸探討美國之原產地名稱制度，除了境內原產地名稱，美國亦保護境外原產地名稱[202]，兩者之法律上地位雖然相同，但在使用之標準上卻有所差異。一般而言，美國「境內」之原產地名稱僅具有表示「葡萄」原料生長地之意義，不僅沒有任何對於有關葡萄採摘、管理或加工之規定，其疆界之劃分經常是以行政區域邊界來區分，並未考慮任何氣候或環境因素[203]；「境外」之原產地名稱，則應以該原產地名稱所屬國家之法律為準，欲使用該原產地名稱，須遵守相關之管理、組成、生產與產地規定[204]。

　　無論「境內」或「境外」之地理名稱，除了經認證成為原產地名稱外，《酒類管理法》亦訂有依地理名稱之性質分類，

---

[200] 27 C.F.R. §4.25(e) (2006). 「葡萄栽種區」對於葡萄之地理來源組成要求更細緻，源自於該「葡萄栽種區」之葡萄須達到 85%使得標示之。此外，「葡萄栽種區」會以地理特徵劃定產區界線，但仍未將人文因素，如採摘、加工等製程因素納入其中。

[201] Alcohol and Tobacco Tax and Trade Bureau (TTB), *Wine Appellations of Origin*. https://www.ttb.gov/appellations-of-origin. (Last visited: 04.08.2023); Zanzig, *Supra* note 162, 740.

[202] 27 C.F.R. §4.25(a)(2) (2006).

[203] Jim Chen, *A Sober Second Look at Appellations of Origin: How the United States will Crash Frances's Wine and Cheese Party*, MINNESOTA JOURNAL OF GLOBAL TRADE, 151, 29-64., 43 (1996); O'Brien, *Supra* note 169, 168.

[204] 27 C.F.R. § 4.25(b)(2); Zanzig, *Supra* note 162, 741.

提供不同保護標準之規定。TTB（BATF）將地理名稱區分為「通用名稱」、「半通用名稱」及「非通用名稱」三種等級[205]。若一地理名稱被 TTB（BATF）認定為屬「通用名稱」，則無論酒類產品是否產自於該地理名稱所指示之地理來源，均得使用該地理名稱標示其產品[206]，如 sake（清酒）、vermouth（香艾酒）。這類名稱之所以可以被非源自於該地理來源之產品使用，係因其指示地理來源之功能已幾乎消失，消費者在接觸這類地名時，只會將其視為一種類型的酒，而不會以地名的角度視之[207]。

　　「半通用名稱」係指一地理名稱之性質會因酒類產品是否符合原產地名稱規範而有所變動，故具有「通用名稱」與「非通用名稱」兩種狀態，當這類名稱被符合產地規範之酒類產品使用時，可被歸類是「原產地名稱」而處於「非通用名稱」之狀態，反之，當其被不符合產地標準之酒類產品使用時，經常被用作「產品類別」之描述，固呈現「通用名稱」之狀態[208]，如 Champagne（香檳）、Burgundy（勃根地）、Port（波特）等均被列為「半通用名稱」[209]。

　　「半通用名稱」因市場上廣泛使用而形成，這類名稱在消

---

[205] 27 C.F.R. § 4.24. (2006)

[206] 27 C.F.R. § 4.24(a) (2006).

[207] Zanzig, *Supra* note 162, 742.

[208] 27 C.F.R. § 4.24(b)(1) (2006).

[209] 27 C.F.R. § 4.24(b)(2) (2006).

費者的認知中，雖仍存在指示地理來源之功能，卻身兼「產品名稱」之意涵，基於其同時具有「原產地名稱」及「通用名稱」兩種身分，已不能完全發揮「原產地名稱」之單純指示產品地理來源的功能，故無法以「原產地名稱」之高保護標準待之[210]。易言之，「半通用名稱」之「原產地名稱」及「通用名稱」雙重身分，導致其指示地理來源之效果大打折扣，因此，若欲使用這類地理名稱，除非其產品確實係源自於該地理名稱所指示之產地，否則均須額外標示該酒類產品之真正地理來源，如以「California Champagne」（加州香檳）之形式為之[211]。

　　「半通用名稱」的認定是美國與歐盟地理標示談判上衝突最劇烈之處，許多在歐盟已取得地理標示權利地位之地名，在美國卻只能取得「半通用名稱」之地位[212]，例如，Champagne（香檳）於歐盟為受保護地理標示，在美國卻僅取得「半通用名稱」之地位。最終，歐美地理標示談判衝突在 2006 年《歐美葡萄酒貿易協定》中達成共識，針對已被認定為屬於「半通用名稱」之其中 16 個歐盟原產地名稱，美國承諾將禁止這類名稱被「非真正原產地生產者」持續使用[213]。而歐盟亦有所

---

[210] Zanzig, *Supra* note 162, 742.

[211] O'Brien, *Supra* note 169, 170.

[212] Zanzig, *Supra* note 162, 742.

[213] Article 6 of the Agreement between the European Community and the United States of America on trade in wine; Office of the United States Trade

妥協，容許祖父條款之存在[214]，因此，基於祖父條款，美國不會對於在協定生效前已取得 COLA，且已於市面上流通之酒類產品進行追究，也就是說，American Champagne（美國香檳）於市場上仍有持續存在之可能性[215]。

除「通用名稱」與「半通用名稱」，依《酒類管理法》之分類，尚有「非通用名稱」之等級。經 TTB（BATF）認定不屬於「通用名稱」及「半通用名稱」之地理名稱者，均屬於「非通用名稱」，欲於酒類產品使用這類名稱，均須符合《酒類管理法》對於「原產地名稱」標示規定之要求[216]。「非通用名稱」原則上仍僅具有指示葡萄產地之消極地位，除非經 TTB（BATF）認定，該地理名稱對於消費者而言，或在酒類貿易中，已被認識為屬某一地區之特定酒類產品的地理來源，並得與其他酒類產品做出區隔，始得成為具識別性之地理名稱。這些地理名稱多為歐盟知名酒類產區之子產區，如 Medoc、Saint-Julien 等，或知名酒莊，如 Chateau Lafite、

Representative, TRADE FACTS ABOUT THE AGREEMENT (Sep. 15, 2005). https://www.ttb.gov/images/pdfs/trade_facts.pdf. (Last visited: 04.08.2023)

[214] Article 6(2) of the Agreement between the European Community and the United States of America on trade in wine.

[215] Daniel J. Gervais, *A Cognac after Spanish Champagne? Geographical indications as certification marks*, in INTELLECTUAL PROPERTY AT THE EDGE: THE CONTESTED CONTOURS OF IP 130-156, 130-131 (Jane Ginsburg & Rochelle Dreyfuss eds., 2014).

[216] 27 C.F.R. § 4.24(c) (2006).

Chateau Margaux 等[217]。

　　「非通用名稱」是否具有識別性，亦是美國與歐盟有所分歧之部分，與「半通用名稱」的爭論類似，由於《酒類管理法》中有關「識別性」之認定係以「消費者」或「貿易」的知名度為斷[218]，加上 TTB（BATF）在過去曾強調應以「美國」之消費者及貿易為準，因此許多已於歐盟取得「識別性」地位之地理名稱，卻因其在美國少為人知，而無法通過 TTB（BATF）之識別性認證，不過，這個問題也因後來 TTB（BATF）將此一要件改以「國際」視角審視後，獲得折衝[219]。

第三款　《商標法》與《酒類管理法》之關係

　　《商標法》與《酒類管理法》雖共同建構美國的酒類地理標示制度，但兩者對於地理名稱的保護目的卻不相同，《酒類管理法》以「原產地名稱」要求酒類產品須標示正確之葡萄產地，歸根究底還是因為 TTB（BATF）對於市面上流通之酒類產品的管制，這與《商標法》考量地名商標註冊適格性之目的

---

[217] 27 C.F.R. § 4.24(c)(3) (2006).

[218] 27 C.F.R. § 4.24(c)(1) (2006). "A name of geographic significance, which has not been found by the Administrator to be generic or semi-generic may be used only to designate wines of the origin indicated by such name, but such name shall not be deemed to be the distinctive designation of a wine **unless the Administrator finds that it is known to the consumer and to the trade** as the designation of a specific wine of a particular place or region, distinguishable from all other wines." 粗體為作者所加。

[219] O'Brien, *Supra* note 169, 171.

有所不同，此外，由於未取得 COLA 者，其效果為該酒類產品不得於市場上販售，對於釀酒廠而言，其酒類產品能不能取得 COLA 才是獲利與否的關鍵，甚至，許多在地的小型釀酒廠根本不在乎是否獲得聯邦層級商標權之保護。

在 TRIPS 之前，《酒類管理法》主管機關為 TTB（BATF），而《商標法》主管機關則為美國專利商標局（United States Patent and Trademark Office, USPTO），基於兩個法規的規範與管制目的不同，是以，TTB（BATF）在審查酒類產品標示之適法性時，不會考量任何侵商標侵害問題。在 *The Scotch Whisky Association Et Al. v. Southern Corporation*[220] 案中，美國商標評審上訴委員會（The Trademark Trial and Appeal Board, TTAB）指出，TTB（BATF）無須對於品牌名稱（brand names）的所有權問題做出判斷，而僅須依《酒類管理法》的標示規定，決定是否認證該品牌名稱即可；在 *Institut Nat. Des Appellations D'Origine v. Vintners Intern. Co., Inc.*[221] 案時，聯邦巡迴上訴法院亦認為，TTB（BATF）之 COLA 認證決定與商標有效與否之間並不存在任何的關連性，不得以信賴 COLA 認證為由，對抗他人所提出有關「商標含有錯誤地理來源」之商標異議主張。

---

[220] *The Scotch Whisky Association Et Al. v. Southern Corporation*, 176 U.S.P.Q. 494 (Trademark Tr. & App. Bd.), 1973.

[221] *Institut Nat. Des Appellations D'Origine v. Vintners Intern. Co., Inc.*, 958 F.2d 1574 (Fed. Cir. 1992).

　　《商標法》與《酒類管理法》之間的關係，在 TRIPS 之後雖仍維持各自目的繼續運作，然而，為因應 TRIPS 對地理標示之規定，《酒類管理法》也有些許的法規更動，影響最大者莫過於第 4.39(i)條有關「禁止使用地理品牌名稱」之規定。原則上，涉及葡萄栽種區之品牌名稱均不得繼續使用，對於新申請者，除非該酒類產品所使用之葡萄確實源自於該原產地名稱所指示之產地，否則不會核發 COLA；而對於現已存在之 COLA，必須其取得認證之日早於 1986 年 7 月 7 日，並且符合該原產地名稱之使用標準，始得繼續使用該原產地名稱為其品牌名稱[222]。值得注意的是，這個條文之祖父條款日期與 TRIPS 生效之 1996 年 1 月 1 日並不相同，被認為將對於既有權利之存續產生威脅，尤其是當「後認定」之原產地名稱與「既存」品牌名稱重複之時，原已使用多年之「既存」品牌名稱可能因為「後認定」之原產地名稱而不得使用，進而影響其產品於市面上流通的權利[223]。

　　在 TRIPS 之後，TTB（BATF）雖仍維持其酒類標示主管

---

[222] 27 C.F.R. §4.39(i) (2006).

[223] O'Brien, *Supra* note 169, 174-177; Case T-287/06, *Miguel Torres SA v. Office for Harmonisation in the Internal Market (Trade Marks and Designs) (OHIM)*, 2008 E.C.R. II-03817. 事實上，這類型的爭議在歐盟亦有出現，在 Miguel Torres 商標異議案中，Miguel Torres 本為一於西班牙存續且使用已久之註冊商標，卻因葡萄牙政府所註冊之 Torres Vedras 地理標示而遭遇商標異議，不過歐盟法院後來以「家族系列商標（family of trademark）」駁回了 Torres Vedras 之異議，也提供了既存商標與新申請地理標示並存的空間。

機關之地位，但其在審查酒類標示適法性時，會將錯誤地理來源之概念納入，《酒類管理法》與《商標法》確實因此出現了重疊現象。不過，當酒類產品遇到商標爭議時，基於《酒類管理法》與《商標法》之目的不同，被告仍不得援引由 TTB（BATF）所認證之 COLA 進行商標有效抗辯，此一判斷仍屬商標法之範疇，而為 USPTO 之權限，故欲討論商標是否涉及地理標示的問題，仍須回歸《商標法》「不得註冊事由」分析之。然而，即使認定地理名稱得否註冊成為商標之決策主管機關仍為 USPTO，但《酒類管理法》與《商標法》之間的關係確實更為緊密，兩者共同形塑之酒類地理標示制度也逐漸清晰，儘管尚未達到賦予地理名稱積極權利地位之程度，仍可發揮防止不當地理來源標示所導致的公平競爭與消費者保護問題。

（二）美國酒類地理標示訴訟實務——以「蘇格蘭威士忌」為例

美國酒類地理標示係由《商標法》及《酒類管理法》共同建構而成，《酒類管理法》雖於 TRIPS 之後，在酒類產品地理來源標示之合法性判斷上，出現與《商標法》交錯之現象，然而，《酒類管理法》終究是酒類產品的上市管制規定，無法實現如歐盟地理標示之保障地名聲譽之效果，故欲達到此一目的，似仍須透過《商標法》來進行權利主張較為妥適。

　　美國雖無地理標示之特別權利，但並非謂地理標示遭到侵害時，即失去主張權利之機會，除了可透過證明標章與團體商標制度主張商標侵權外，《商標法》之「商標不得註冊事由[224]」及「不公平競爭（假冒）[225]」規定，亦可作為主張基礎，蘇格蘭威士忌協會在 TRIPS 之前即已透過此一方式在美國提起訴訟，作為維護蘇格蘭威士忌地理標示聲譽之手段，在 TRIPS 之後，雖有部分案例因和解或其他因素而未進入小組審查或訴訟程序，但亦有 TTAB 之案例可供參考。值得一提的是，蘇格蘭威士忌協會於 2022 年 6 月 17 日於美國註冊成為證明標章[226]，故本章除於分析蘇格蘭威士忌協會於美國之地理標示涉訟案件外，亦將於後續章節探討美國以證明標章制度實現「酒類」及「非酒類」地理標示保護之規範模式與實務案例。

　　本章整理下列蘇格蘭威士忌協會（Scotch Whisky Association, SWA）於美國提起之訴訟，整理出涉及地理名稱之商標與地理標示發生衝突時，美國法院之處理方式，將以法院對於「欺騙性地理描述」之認定，以及「產地標示不公平競爭」之見解為主，包括何種情況下會認為系爭商標為涉及地理

---

[224] 15 U.S.C. §1052(a), (e)(3).

[225] 15 U.S.C. §1125(a).

[226] Scotch Whisky Association, *Scotch Whisky granted certification trademark in the United States* (21 June, 2022).
https://www.scotch-whisky.org.uk/newsroom/scotch-whisky-granted-certification-trademark-in-the-united-states. (Last visited: 04.08.2023)

描述之商標、涉及地理描述之商標是否具欺騙性，以及涉及地理描述之商標構成不公平競爭之情形。

表 3：美國法院蘇格蘭威士忌相關判決整理表[227]（作者自製）

	案件名稱	系爭名稱	年份	所涉條文
1	*SWA v. Barton Distilling Co.*	House of Stuart Blended Scotch Whisky	1973	第 43 條(a)項
2	*SWA v. Consolidated Distilled Products, Inc.*	LOCH-A-MOOR	1981	第 2 條(e)(3)項 第 43 條(a)項
3	*SWA v. U.S. Distilled Products Co.*	McAdams	1991	第 2 條(a)項 第 43 條(a)項
4	*SWA, etc. v. Majestic Distilling Co., Inc*	Black Watch, highlander, the badge, or the thistle	1992	第 43 條(a)項

---

[227] 須注意者為，此表所列之多數案例雖均為 TRIPS 生效前（1993 以前）所提起，然參酌前述聯邦《商標法》在 TRIPS 前後之調整，除刪除「欺騙性地理描述」得依後天識別性註冊之規定外，其他如名稱是否欺騙性地理描述等認定標準均未改變，故本書認為此表所列案件仍具參考價值。此外，蘇格蘭威士忌案於近年所提之商標異議案件與侵權案件多因和解或其他因素，而未有實質判決產生，故本書僅以 TTAB 於 2021 年 *Burns Night* 案之見解為分析對象，併予敘明。

| 5 | *SWA v. ASW Distillery, LLC* | Burns Night | 2021 | 第 2 條(a)項
第 2 條(e)(3)項 |

第一款　商標不得註冊事由

參照美國商標不得註冊事由中，與地理標示相關者可分為第 2 條(a)項之「欺騙性不實地理描述」，以及第 2 條(e)(3)項之「欺騙性錯誤地理描述」，此二事由雖於 TRIPS 後均有所調整，第 2 條(a)項改為涉及酒類地理標示者不得註冊，第 2 條(e)(3)項則從第 2 條(f)項得以後天識別性正當化之列中刪除，但無論是修法前或修法後，兩者均為利害關係人對於涉及地名之描述性用語提起商標異議之重要依據。

（1）欺騙性錯誤地理描述

蘇格蘭威士忌協會曾於 1979 年的 *The Scotch Whiskey Association v. Consolidated Distilled Products, Inc.* [228]（下稱「*Loch-A-Moor* 案」），援引第 2 條(e)(3)項「欺騙性錯誤地理描述」，主張申請人 Consolidated Distilled Products Co. 之 Loch-A-Moor 名稱不得註冊成為商標。本件為蘇格蘭威士忌協會對於商標申請人 Consolidated Distilled Products Co. 之 Loch-A-Moor 商標所提起之商標異議案件。在商標評審上訴委員會（The Trademark Trial and Appeal Board, TTAB）階段，蘇格蘭威士忌協會主張商標申請人 Consolidated Distilled Products Co.

---

[228] *The Scotch Whiskey Association v. Consolidated Distilled Products, Inc.*, 210 U.S.P.Q.369 (N.D. Ill. May 7, 1981).

所使用之商標 Loch-A-Moor 自字典上之詞彙解釋觀之，Loch
為蘇格蘭語之「湖泊」，而 Moor 具有不列顛群島的一片開闊
荒島之意，兩者組合在一起形成與蘇格蘭之間強烈的連結，即
使現實中並未真實存在此一地點，但應認申請人有以「蘇格蘭
風格」之字眼行銷其威士忌之意[229]。申請人則表示，Loch-A-
Moor 為通過美國酒類管理法之酒類產品，不僅擁有合法販售
之資格，產品所使用之COLA已包含註記此一產品為美國產品
的標示，應無地理來源混淆誤認或欺騙之問題。此外，申請人
亦主張，本件Loch-A-Moor商標係用於以蘇格蘭威士忌作為原
料所製作之調和威士忌，故其產地標示並無任何錯誤，而不具
有欺騙性意義存在[230]，且Loch-A-Moor並非城市名稱或暱稱，
根本不具有地理描述之性質[231]。

　　TTAB 依前述異議人與申請人之主張整理出本件爭點，即
欲認定是否構成第 2 條(e)(3)項「欺騙性錯誤地理描述」[232]，
應以不具備「產品產地關聯性」為必要，然而，在使用此一法
則判斷之前，應先處理本件商標究竟是否屬於「地理描述」之
先決問題[233]。TTAB 認為，本件 Loch-A-Moor 並無進一步討論

---

[229] *The Scotch Whiskey Association v. Consolidated Distilled Products, Inc.*, 204
U.S.P.Q. 57, 4 (Trademark Tr. & App. Bd., 1979).

[230] *The Scotch Whiskey Association v. Barton Distilling Co.*, 489 F.2d 809 (7th Cir.,
1973).

[231] *Supra* note 229, 5.

[232] 補充說明，判決係以舊法第(e)(2)條論述，後該條文修法移至第(e)(3)條。

[233] *Supra* note 229, 6.

其欺騙性地理來源性質的必要，原因在於，此商標並非知名地理來源，不會出現導致消費者混淆誤認，或者相信系爭產品是源自蘇格蘭之情況。如果同意了異議人之「暗示（suggestion）」或「外觀（appearance）」主張，則所有非實際地名但具有俄羅斯特色發音（Russian-sounding）的伏特加（Vodka），以及義大利特色發音（Italian-sounding）的義大利風格貨品，都會根據第 2 條(e)(3)項禁止註冊成為商標，這是與一般日常生活認知相衝突。在多元文化的市場中，美國生產商以外國名稱和商標銷售一些具有民族特色的異國產品，是很常見的，購買者在接觸到這類名稱時，也不太可能會直接假設這些產品是源自於國外，尤其是在名稱使用根本不涉及地理來源時更不會發生這種情況[234]。最終，TTAB 以蘇格蘭威士忌協會並未提出任何消費者調查報告或其他證據證明 Loch-A-Moor 可能會對其酒類產品銷售產生影響，以及 Loch-A-Moor 雖具有初步地理意義，但仍屬於無法辨識出任何地理來源之詞彙，無法構成第 2 條(e)(3)項之事由，故駁回蘇格蘭威士忌協會之商標異議主張[235]。

　　對於 TTAB 之判決結論，蘇格蘭威士忌不服上訴至聯邦地方法院，並提出以下主張：Loch-A-Moor除構成第2條(e)(3)項之欺騙性錯誤地理描述外，亦涉有不公平競爭之情事，若允許

---

[234] *Supra* note 229, 7-8.

[235] *Supra* note 229, 8.

Loch-A-Moor 註冊成為商標，將嚴重威脅蘇格蘭威士忌於美國之銷售，並以消費者調查報告為證，請求法院禁止 Loch-A-Moor 註冊商標。

在參考原告蘇格蘭威士忌協會之消費者調查報告後，伊利諾州地方法院指出，蘇格蘭威士忌為在美國享有聲譽且被認為屬於高品質聲譽者，此為本件被告所認同，即使被告主張之所以採取蘇格蘭風格的詞彙作為商標名稱，僅是希望讓消費者知道其調和威士忌所使用的原料係源自於蘇格蘭，而無意誤導消費者，但從被告論述也發現，被告選用 Loch-A-Moor 的動機，確實存在讓消費者聯想到蘇格蘭之意圖[236]。不過，伊利諾州地方法院亦提到，本件 Loch-A-Moor 雖會引起與蘇格蘭之間的聯想，但此一結果亦非被告故意欺騙所致，依《商標法》之規定，僅有「錯誤之地理描述」是可以訴訟爭執的，本件被告僅試圖暗示蘇格蘭地理來源，且其調和威士忌所使用之威士忌原料確實源自於蘇格蘭，故並不符合第 2 條(e)(3)項之商標不得註冊事由[237]。

根據前述伊利諾州地方法院之見解，單純會引起與蘇格蘭之間的聯想，是不足以構成第 2 條(e)(3)項之事由，尚須考量本項條文中有關「欺騙性」之要件，不過，Loch-A-Moor 是否可註冊成為商標，仍須通過第 43 條(a)項不公平競爭規定之檢

---

[236] *Supra* note 228, 3.

[237] *Supra* note 228, 4.

視，最終，本件伊利諾州地方法院雖不認同蘇格蘭威士忌協會於第 2 條(e)(3)項之主張，但認為 Loch-A-Moor 已涉及「不公平競爭」行為，並依第 36 條判決 Loch-A-Moor 不得註冊成為商標[238]，此部分將於後續「不公平競爭」一段中詳述。

（2）欺騙性不實地理描述

蘇格蘭威士忌協會除以第 2 條(e)(3)項主張外，尚有依第 2 條(a)項「欺騙性不實地理描述」為主張者，惟須注意的是，此處係指 1946 年商標法第 2 條(a)項，其與第 2 條(e)(3)項雖均涉及欺騙性地理描述，但第 2 條(a)項更著重於「不實」地理描述，亦即，針對商標以「地理描述」為構成要素，然該地理描述卻非產品真實地理來源之情形，且此一情況將對於消費者之購買決策產生影響。另須注意者為，本項為絕對不得註冊事由，不存在主張後天識別性之空間[239]。在 *The Scotch Whisky Association v. United States Distilled Products Co.* [240]（下稱「*McAdams* 案」），蘇格蘭威士忌協會即以本項提起商標異議。蘇格蘭威士忌協會認為，McAdams 為蘇格蘭常見的姓氏名稱，具有強烈的地理意義，商標申請人 U.S. Distilled Product Co.將 McAdams 用於非生產於蘇格蘭之威士忌，將導

---

[238] 15 U.S.C. §1118.

[239] *In re Charles S. Loeb Pipes, Inc.*, 190 USPQ 238, 241 (Trademark Tr. & App. Bd., 1975).

[240] *The Scotch Whisky Association v. United States Distilled Products Co.*, 952 F.2d 1317 (Federal Cir., 1991).

致產品與產地之間產生欺騙性連結，已構成第 2 條(a)項之「欺
騙性不實地理描述」，不僅不得註冊成為商標，亦涉有第 43
條(a)項產地不實廣告之嫌。對於蘇格蘭威士忌協會之主張，
申請人僅承認其所生產之威士忌確實非源自於蘇格蘭，其餘協
會主張則一概否認，申請人認為，其產品標示中已有明確標記
其產品係源自於加拿大，且該標示符合酒類管理法之產地及禁
止混淆產地來源之品牌名稱的規定[241]。

在第 2 條(a)項之「欺騙性不實地理描述」方面，TTAB 認
為，欲成立「欺騙性不實地理描述」，異議人必須提出相關事
證，證明 McAdams 為地名上的不實描述，且該不實描述之處
為影響消費者購買決策的重要因素。若該名稱僅是具有喚起或
暗示特定國家時，這類喚起性（evocative）或暗示性
（suggestive），難認已構成「不實地理描述」，是以，本件
異議人蘇格蘭威士忌協會僅以 McAdams 為蘇格蘭姓氏，為具
蘇格蘭暗示性或喚起性用語為主張，但未提出 McAdams 為
「地理用語（geographical term）」的證據，應認不足以成立
「欺騙性不實地理描述」[242]。

TTAB 更將「地理用語」之見解應用至不公平競爭之判
斷。TTAB 認為，其雖無依巴黎公約進行審判之權，但因具有

---

[241] *The Scotch Whisky Association v. United States Distilled Products Co.*, 13
U.S.P.Q.2d 1711, 1-2 (Trademark Tr. & App. Bd., 1989).
[242] *Id.*, 3.

「聯邦商標核准註冊與否」的決定權,在判斷商標註冊合法性時,確有可能受到巴黎公約有關不公平競爭之用語所拘束[243]。然而,本件雖符合參酌巴黎公約相關解釋之情形,但因蘇格蘭威士忌協會僅以 McAdams 為具有蘇格蘭喚起性或暗示性之用語,主張公眾接觸商標時可能認為系爭產品係源自於蘇格蘭,並未證明 McAdams 為地理用語之事實,TTAB 認為,蘇格蘭威士忌協會未提出有力證據以證明有不公平競爭之情形發生,故不構成之[244]。

不過,以上 TTAB 有關「地理用語」之見解,於蘇格威士忌協會上訴後,遭聯邦巡迴上訴法院撤銷。聯邦巡迴上訴法院認為,沒有任何先例指出,欲構成第 2 條(a)項之「欺騙性不實地理描述」須證明系爭名稱為「地理用語」。基於 TTAB 據以認定之判斷標準欠缺根據,本件原告只須證明系爭名稱將喚起或暗示特定地理位置(place),提出系爭商標具有「蘇格蘭」意義,且足以喚起或暗示「蘇格蘭」一地,即可構成本項事由,故本件被告之 McAdams 因屬於第 2 條(a)項之「欺騙性不實地理描述」,應不予註冊[245]。

而 *McAdams* 案之法院見解亦於 2021 年 *The Scotch Whisky*

---

[243] *Id.*, 4.

[244] *Id.*, 5.

[245] *The Scotch Whisky Association v. United States Distilled Products Co.*, 952 F.2d 1317, 1319 (Federal Cir., 1991).

Association, Ltd. v. ASW Distillery, LLC[246]（下稱「*Burns Night* 案」）為 TTAB 所援引。本件蘇格蘭威士忌協會於 2021 年對於商標申請人 ASW Distillery 欲申請之 Burns Night 名稱提起商標異議，蘇格蘭威士忌協會主張 Burns Night 商標提及「蘇格蘭知名詩人 Robert Burn 的生日」，為具有強烈蘇格蘭喚起性之用語，ASW Distillery 將 Burns Night 用於生產於蘇格蘭之麥芽威士忌及威士忌產品，已構成第 2 條(e)(3)項之「欺騙性錯誤地理描述」，以及第 2 條(a)項之「涉及酒類地理標示之描述」，應不得註冊成為商標[247]。

在本件訴訟中，TTAB 重申 McAdams 案所提及之第 2 條(a)項「欺騙性不實地理描述」的判斷標準，認為不須達到「地理用語」之程度，仍可能構成本款之事由。因此，本件蘇格蘭威士忌協會無須證明 Burns Night 為地理用語，但須指出其地理關聯性（geographical association），亦即，地理名稱並非僅限於與該地理名稱一致之地理用語，而是只要此一名稱被用於非生產於蘇格蘭的威士忌時，會發生系爭產品係源自於蘇格蘭之欺騙性連結與意義，即足當之[248]。而在第 2 條(e)(3)項之「欺騙性錯誤地理描述」之判斷標準方面，TTAB 則維持其

---

[246] *The Scotch Whisky Association, Ltd. v. ASW Distillery, LLC*, U.S.P.Q.2d 179 (Trademark Tr. & App. Bd., 2021).

[247] 須注意者為，TTAB 於 2021 年 *Burns Night* 案所援引之條文，因《聯邦商標法》已經修法，故此處之第 2 條(a)項及第 2 條(e)(3)項均為修法後之規範內容。

[248] *Supra* note 246, 2.

應先確認不具備「產品產地關聯性」之見解[249]。

　　不過，TTAB 認為，本件蘇格蘭威士忌協會並未提出系爭名稱與產地之間具有關聯性之事證。蘇格蘭威士忌協會雖以「此商標提到蘇格蘭知名詩人 Robert Burn 的生日」為由，認為 Burns Night 被用於威士忌產品時，是個具有強烈蘇格蘭喚起性之商標，但其並未提出相關證據證明 Burns Night 商標會使他人辨識出位置（place），例如，他人可從商標中辨識出地理區域的地名、縮寫、暱稱、象徵、輪廓或地圖，且該被辨識出的位置必須為系爭產品真實產地以外之地點[250]。換言之，雖不須達到地理用語之程度，但該商標仍須具有地理上意涵，能使公眾發現其與地理名稱上的聯繫，由於本件的蘇格蘭威士忌協會僅提及 Burns Night 與蘇格蘭知名詩人 Robert Burns 之間的關係，卻未證明 Burns Night 與「蘇格蘭」一地之間的關聯性，因此，是否構成「地理描述」，仍待蘇格蘭威士忌協會於後續程序補充相關證據，始足判斷[251]。

　　（3）小結：何謂「地理描述」

　　在第 2 條(e)(3)項之「欺騙性錯誤地理描述」之認定上，TTAB 在 *Loch-A-Moor* 案中指出，是否構成本項事由應以「產品產地關聯性」判斷之，不過，前提是系爭商標涉及「地理描

---

[249] *Supra* note 246, 3.

[250] *Supra* note 246, 3.

[251] *Supra* note 246, 4.

述」，才有必要討論此一法則之應用。TTAB 並不認同將日常生活中所有涉及異國風格用語無限上綱為產地來源，蓋一般人並不會直接假設這些詞彙具有指示外國產地之功能，是否為地理描述尚須經消費者調查探究之。本件經上訴以後，法院雖依原告所提之消費者調查，認為 Loch-A-Moor 確實有暗示蘇格蘭一地之程度，但是被告僅具有以 Loch-A-Moor「暗示」蘇格蘭之動機，並不等於已構成「欺騙性」之程度。

第 2 條(e)(3)項雖涉及「地理描述」之認定，不過同時也亦須考量「欺騙性」要件，是以，伊利諾州地方法院雖肯認 Loch-A-Moor 具有地理描述之性質，但因本件被告之威士忌產品確實由蘇格蘭威士忌所調和而成，其「暗示」之行為因未達欺騙之程度，故不構成本項事由。

而 *McAdams* 案則涉及有關舊法第 2 條(a)項之「欺騙性不實地理描述」，該案聯邦巡迴上訴法院否定了 TTAB 的「地理用語」見解，認為欲主張系爭商標有發生本項之情事，無須探討其是否為「地理用語」，而僅需證明系爭商標足以「喚起」或「暗示」地理位置即可。此一見解亦為 2021 年之 *Burns Night* 案所援引，TTAB 將之應用於第 2 條(e)(3)項之「欺騙性錯誤地理描述」中有關地理描述之解釋，並進一步解釋，即使該項不以系爭商標為地理用語為必要，但不能僅說明系爭商標為「蘇格蘭用語」，詳言之，必須建立此一用語之地理意義，且足以喚起公眾對於特定地理位置之聯想。

由此可知，聯邦商標法雖未明文將「喚起」之概念訂為侵

權行為態樣，然在認定何謂「地理描述」時，法院卻將可以使公眾聯想到地理位置之「暗示性」或「喚起性」用語，納入是否構成商標不得註冊事由的認定之中。然而，TTAB 及法院也不斷強調，是否為「暗示性」及「喚起性」用語是須要經過公眾檢驗，在 *The Scotch Whisky Association v. Majestic Distilling Co.* [252]（下稱「*Black Watch* 案」）中，第四巡迴上訴法院亦表明，即使用語或圖示具有強烈之蘇格蘭風格，但是重點還是公眾在接觸此一用語或圖示的想法，單純的異國風格用語或國家象徵，並不等於已達到「暗示」或「喚起」之程度，須公眾接觸後亦會對於這類用語後，會產生地理意義上的聯想，始足當之[253]。

第二款　不公平競爭

依《聯邦商標法》第 43 條(a)項有關商標涉及不公平競爭之規定，禁止任何人透過商業上的不實描述從事不公平競爭之行為。參照同項第(A)款及第(B)款，有關產地之不實描述亦包含其中，倘若發生涉及產地之不實陳述，有致混淆誤認之虞，或有於行銷中出現產地之不實廣告，均為本條所不許[254]。又依《聯邦商標法》第 36 條，涉有不公平競爭之名稱，主管機

---

[252] *The Scotch Whisky Association v. Majestic Distilling Co.*, 958 F.2d 594 (4th Cir., 1992).

[253] *Supra* note 252, 598. 詳細有關案件之介紹，可參「不公平競爭」一段對於 *Black Watch* 案之分析。

[254] 15 U.S.C. §1125(a).

關得不予註冊成為商標[255]。

　　有關酒類地名涉及「不公平競爭」之案件並取得侵權判決勝訴者，可參見 *The Scotch Whiskey Association v. Barton Distilling Co.*[256]一案，該案之被告 Barton Distilling Co.為威士忌進口商，其所進口之威士忌產品以「蘇格蘭威士忌」標示，然該威士忌並非源自於蘇格蘭，故蘇格蘭威士忌協會向 Barton 及其他兩家生產者主張第 43 條(a)項不公平競爭之產地錯誤標示。第七巡迴上訴法院認為，系爭產品並非蘇格蘭威士忌，卻以「House of Stuart Blended Scotch Whisky」為產品標示，有錯誤標示產品來源之情形，已涉及第 43 條(a)項之不公平競爭行為[257]。然而，本件較有爭議者為法院之管轄權問題，因系爭錯誤產地標示之威士忌係於巴拿馬進行生產及標示，故著重探討法院是否有權向進口商追究責任之問題[258]。第七巡迴上訴法院最終認為，Barton 所進口之威士忌雖未於美國生產及標示，但其仍有於美國境內銷售之情形，故應負有不公平競爭之侵權責任[259]。

　　又依《聯邦商標法》第 36 條，「不公平競爭」亦得被援

---

[255] 15 U.S.C. §1118.

[256] *The Scotch Whiskey Association v. Barton Distilling Co.*, 489 F.2d 809 (7th Cir., 1973).

[257] *Id.*, 811.

[258] *Id.*, 811-812.

[259] *Id.*, 813.

引作為不得註冊商標之主張基礎。在 *Loch-A-Moor* 案中，蘇格蘭威士忌協會主張，若允許 Loch-A-Moor 註冊成為商標，將產生誤導消費者之疑慮，故應不得註冊成為商標[260]。蘇格蘭威士忌協會於其所作成之消費者調查報告中，以多項提問詢問消費者對於 Loch-A-Moor 之認知並發現到，當被告的產品與來自蘇格蘭的餐後酒擺在一起時，消費者確實會因為 Loch-A-Moor 產品具有較為低廉的價格而選擇購買之[261]。

以上伊利諾州地方法院解釋亦於 *Black Watch* 案有類似見解。在 *Black Watch* 案中，該案被告 Majestic Distilling Co.於 1964 年開始以 Black Watch 為名，行銷其所裝瓶與配銷之蘇格蘭威士忌，系爭威士忌雖不符合蘇格蘭法規對於蘇格蘭威士忌之定義，但其產品確實以蘇格蘭威士忌作為調和威士忌之原料。此一訴訟原係於伊利諾州地方法院進行，後因管轄權問題移審至馬里蘭州地方法院[262]，馬里蘭州地方法院對於本件爭點「Majestic 之 Black Watch 商標及商業外觀是否會發生欺騙消費者之情形，致使消費者相信 Black Watch 係源自於蘇格蘭」，認為並無事實上爭議，故以即決判決（summary judgement）的方式，裁定原告蘇格蘭威士忌協會敗訴[263]。

---

[260] *The Scotch Whiskey Association v. Consolidated Distilled Products, Inc.*, 210 U.S.P.Q. 369, 6 (N.D. Ill. May 7, 1981).

[261] *Id.*, 2.

[262] *The Scotch Whisky Association v. Majestic Distilling Co.*, 7 U.S.P.Q.2d 1120, 1308. (N.D. Ill., 1988)

[263] *The Scotch Whisky Association v. Majestic Distilling Co.*, 9 U.S.P.Q.2d 1723, 7

該案經上訴後，第四巡迴上訴法院就本件是否有混淆誤認之虞的事實上爭議做成見解。首先，由於蘇格蘭威士忌協會主張，無論「混淆誤認之虞」是否為判斷要件，馬里蘭州地方法院忽略了蘇格蘭威士忌協會所提出之幾項證據，包括：不承認蘇格蘭威士忌協會於 Nexis 對於 Black Watch 進行文字搜尋所顯示之結果，該結果顯示出 Black Watch 為具有強烈蘇格蘭意義（Scottish connotations）的用字；忽略了字典中有關 Black Watch、thistle 及 highlander 之定義；以及 Majestic 曾經承認最初採用 Black Watch 之動機，確實係為使商標看起來更接近「蘇格蘭」之事實。蘇格蘭威士忌協會認為，馬里蘭州地方法院僅著重在無法提供「消費者於接觸 Black Watch 會發生混淆誤認」證據的部分，而忽略了 Black Watch 之前述意涵，逕以即決判決判斷 Black Watch 不涉及不公平競爭，或未發生混淆誤認之虞，並無理由[264]。

對此，第四巡迴上訴法院揭示了「混淆誤認之虞」為構成不公平競爭行為的判斷標準之一，無論原告之請求權係基於《聯邦商標法》、《馬里蘭州消費者保護法》，或是《巴黎公約》，均以有發生「混淆誤認之虞」為必要[265]。而從前述蘇格蘭威士忌協會之主張來看，上訴法院認為，仍然沒有發現有

(D. Maryland., 1988).

[264] *The Scotch Whisky Association v. Majestic Distilling Co.*, 958 F.2d 594, 598 (4th Cir., 1992).

[265] *Id.*, 596-597.

任何主要事實上的爭議，尤其是當原告之產品有清楚的標示出該商品係於美國製造的情況。系爭商標 Black Watch 並未有任何涉及蘇格蘭之「明示（express）」情形，亦無以產品係源自於蘇格蘭的相關論述作為行銷，更甚者，琴酒、調和威士忌及伏特加均非蘇格蘭特有之（characteristically）產品[266]。

第四巡迴上訴法院引用了馬里蘭州地方法院的觀點，認為蘇格蘭威士忌協會並未舉證證明公眾對於 Black Watch 及蘇格蘭黑衛士兵團（Black Watch Regiment of Scotland）有所認識，即使風笛是蘇格蘭的國家象徵，仍沒有任何證據顯示，公眾在接觸此一圖示時會以「風笛」視之，而非某種「多刺植物」。原告 Majestic 確實承認其之所以採用 Black Watch 作為商標係因看中該詞彙之強烈蘇格蘭風格特質，不過，其所販售之威士忌確實是 100%蘇格蘭威士忌，並沒有任何欺騙消費者產地來源的意圖[267]。

即使在判斷「混淆誤認之虞」是否發生時，無須證明消費者已實際發生混淆誤認之程度，但第四巡迴上訴法院援引了第一巡迴上訴法院之判決先例，表示若經過一段時間，沒有任何人發生被實際欺騙的情況，應可做為辯護「無欺騙可能性」之強力證據。因此，如馬里蘭州地方法院所述，本件商標已經被使用超過 25 年並有百萬銷量，倘若蘇格蘭威士忌協會未能提

---

[266] *Id*., 598.

[267] *Id*., 598.

出實質證據證明這段時間內有任何消費者確實發生混淆誤認之情事，則難認本件有任何關於 Black Watch 是否構成產地來源欺騙之實體事實爭議[268]。

「不公平競爭」為聯邦商標法下之侵權行為態樣之一，欲主張他人之行為構成不公平競爭，雖無須如商標侵權一般，證明系爭商標有被使用於相同或類似之產品或服務的情況，但仍須以發生「混淆誤認之虞」為必要[269]。又不公平競爭亦得援引為商標不予註冊事由，且在判斷不公平競爭之發生「混淆誤認之虞」與否時，應以客觀視角檢視之。在 Loch-A-Moor 案中，聯邦巡迴上訴法院認為，當系爭商標將導致消費者聯想到地理位置時，則即使產品上有標示真正的產地來源，倘若其字體過小，不足以引起消費者的注意，仍可能構成不公平競爭行為。換言之，是否為「故意」誤導消費者並非所問，重點在於，消費者接觸到該產品時，是否可能發生誤認產地來源之情形的客觀視角。

在 Black Watch 案，第四巡迴上訴法院除強調「混淆誤認之虞」要件外，亦解釋了此一要件之舉證與反證方法。法院指出，在證明「混淆誤認之虞」時，原告雖無須舉證消費者有實際混淆誤認之情形發生，但若一段時間內並無任何消費者發生

---

[268] *Id.*, 598-599.

[269] Harvey P. Dale, *Geographical indications: the united states' perspective*, THE TRADEMARK REPORTER, 107(5), 960-979, 967 (2017).

混淆，則此一事實可能被援引為「無混淆誤認之虞」的強力證據。此一法院見解體現出，「混淆誤認之虞」的判斷方式應以「消費者」角度觀之，而不須探究行為人之動機，雖不須達消費者已實際發生混淆誤認之程度，但若長期下來均無任何人發生混淆，則可成為推翻「混淆誤認之虞」主張之反證。

二、既有商標法保護模式——「證明標章」及「團體商標」

於 TRIPS 之後，美國修正了《商標法》及《酒類管理法》之規定，為符合 TRIPS 所賦予之地理標示保護義務，不過，由前述「商標不得註冊事由」及「不公平競爭」所建構之地理標示保護範圍，與歐盟地理標示特別法相比仍有落差。事實上，歐盟向來支持以賦予積極權利之方式保護地理標示，此從歐盟地理標示規章允許地理標示單獨提起侵權訴訟即可得知。然而，與歐盟將地理標示列為獨立之智慧財產權不同，美國傾向以《酒類管理法》與《商標法》之不得註冊事由以確保地理標示不會被註冊成為商標名稱之「消極」方式，作為一般性的地理標示保護標準，這也是歐盟一直以來對美國爭執之處，歐盟認為，美國的地理標示保護模式並不符合 TRIPS 規定[270]。不

---

[270] Monten, *Supra* note 160, 328.

過，有論者認為，雖然美國係以修訂《酒類管理法》與《商標法》之商標不得註冊事由之方式，提升酒類地理標示之保護程度，然「證明標章」才是真正能實現地理標示保護的工具[271]。實則，「證明標章」並未限制申請註冊者之產品類別，若能有效運用「產地證明標章」制度，似可形成較 TRIPS 更為廣泛之地理標示保護，蓋 TRIPS 係採取「酒類」與「非酒類」區別保護標準之形式為之，「產地證明標章」則不區分「酒類」或「非酒類」一律得申請註冊，並以積極之地位向他人主張商標法上權利。

（一）美國產地證明標章與產地團體商標制度

《聯邦商標法》下的商標權，除了大眾較為熟悉的一般商標以外，尚有「證明標章（certification mark）」及「團體商標（collective mark）」等其他類型商標。「證明標章」及「團體商標」均為保護地理標示的工具之一[272]。然而，在美國，多數境內與境外地理標示傾向以「證明標章」之方式取得積極權利保護[273]，主要係基於團體商標與證明標章之間性質

---

[271] Monten, *Supra* note 160, 326.

[272] Hughes, *Supra* note 20, 308-309.

[273] U.S. DEP'T of Commerce Patent & Trademark office, Trademark Manual of Examining Procedure (Jul., 2022), § 1306.02, *Certification Marks That Are Indications of Regional Origin*. 聯邦商標法審查標準有對於證明標章調整「識別性」要件，團體商標則否，產地欲申請註冊為團體商標，仍須與一般團體

上差異之因素。

　　依《聯邦商標法》第 45 條規定，所謂「證明標章」係指用以證明區域、來源、材料、製造方法、品質、準確性或其他特徵之標章。證明標章分為三個種類：(1)「產地證明標章（Geographical certification mark）」：證明產品或服務之區域或其他來源；(2)「認證標章（seal of approval）」：證明產品或服務之材質、製造方法、品質、準確性或其他特徵；(3)「工會標示（Union Label）」：證明產品或服務係由工會或其他組織成員提供工作或勞動[274]。

　　「團體商標」則是指由協會、組織或其他團體之會員所使用之商標，通常須符合協會、組織或其他團體所制定之標準，始得成為會員。團體商標雖多由農會、生產者或銷售者組織進行管理，然而該組織並非所有權人，該組織原則上不會銷售產品或提供服務，而是負責協助其會員推廣產品或服務，團體商標之所有權歸屬於全部團體會員[275]。

　　與證明標章相比，團體商標之政府監管程度更低，其所受到之法規拘束幾乎與一般商標無異。由於團體商標之性質與「會員標章」較為相似，即使已將產品之「產地」制定為入會標準，其以「生產者」為單位之商標使用方式，讓團體商標在

　　商標採取相同之要件。

[274] Harvey, *Supra* note 269, 967.

[275] 15 U.S.C. §1127.

表彰產品「品質」方面之功能大為減弱，此與證明標章可針對「產品」個別授權，發揮「產地」及「品質」認證之效果仍有不同[276]。因此，地理標示組織較常採取「產地證明標章」之方式保護權利，如帕瑪森起司（Parmigiano-Reggiano）、大吉嶺茶（Darjeeling）、帕瑪火腿（Parma）、龍舌蘭（Tequila）、蘇格蘭威士忌（Scotch Whisky）[277]等均有於美國申請註冊成為「產地證明標章」。其中，大吉嶺茶及龍舌蘭均有依《聯邦商標法》第 2 條(d)項，基於產地證明標章地位，向他人提起商標異議之案例[278]。

地理名稱欲成為證明標章，尚須經過註冊程序，申請人必須說明所欲證明之產品或服務，且須制定證明標章之認證標準，一旦他人之產品或服務符合所制定之標準，則必須授予該他人證明標章使用權，此為受限制之強制授權（limited compulsory licensing）型態[279]。

證明標章之註冊要件與一般商標相同，但仍有其特色之處，由於證明標章注重其「證明」之功能，與商標指示產品來源之作用不同，證明標章所有權人不得將其所持有之證明標章

---

[276] Emily Nation, *Geographical Indications: The International Debate Over Intellectual Property Rights for Local Producers*, UNIVERSITY OF COLORADO LAW REVIEW, 82, 959-1008, 973 (2011).

[277] 蘇格蘭威士忌係於 2022 年 6 月始取得產地證明標章之地位。

[278] Harvey, *Supra* note 269, 970-971.

[279] Michelle B. Smit, *(Un)common law protection of certification marks*, NOTRE DAME LAW REVIEW, 93(1), 419-441, 422 (2017).

用於自己所生產之產品上[280]。不過，此非謂證明標章所有權人完全不能使用標章，證明標章所有權人使用自身標章之方式，除了「認證他人」以外，仍得為證明標章之行銷或推廣，促進社會對於證明標章之認識，以及推動確保產品符合認證標準之計畫[281]。又之所以有必要限制證明標章所有權人「自我認證」行為，主要係基於市場公平競爭因素，證明標章所有權人為負責認證產品者，若允許其認證自己所生產之產品，將可能發生客觀性疑慮，為避免證明標章遭到濫用，故有限制其使用權範圍之必要[282]。

　　經註冊成為證明標章後，證明標章之所有權人亦須履行對於標章之控制義務，包括「授權」及「監控」。在授權方面，證明標章所有權人應於事前確實進行產品認證，確保產品只有在符合認證標準的情況下，才能獲得標章之使用資格。若證明標章所有權人在未確實認證的情況下授予他人標章使用權，證明標章即失去證明之功能，將被認為已無法有效控制證明標章，而可援引成為撤銷事由[283]。在監控方面，證明標章所有權人在授予他人使用標章以後，仍須持續監控市場上使用證明標章之情況，確保所有使用權人均持續符合認證標準，若市場上之證明標章於取得使用權後即可不受控制，則證明標章之認

---

[280] 15 U.S.C. §1064(5)(B).

[281] 15 U.S.C. §1064.

[282] Smit, *Supra* note 279, 423.

[283] 15 U.S.C. §1064(5)(A); Smit, *Supra* note 279, 423.

證功能亦會消失，成為徒具名稱之無識別性標章，此一證明標章「通用化」之現象亦可成為撤銷事由[284]。

又基於證明標章之主要目的在於其認證功能，證明標章所有權人有義務公平對待所有符合認證標準之產品，亦即，不得歧視性拒絕已符合標準之產品的標章使用申請，若有此類差別待遇，將可作為證明標章之撤銷事由[285]。

（二）普通法證明標章之發展——以「法國干邑」為例

有關證明標章是否亦有普通法（common law）之適用，有論者援引《聯邦商標法》第 4 條為基礎，認為證明標章應取得與商標法相同之法律地位，並受到相同於商標之保護[286]。由於商標有受到普通法之保護，故與商標有同等保護效果之證明標章，亦應有普通法證明標章之適用[287]。事實上，USPTO 確實有做出肯認普通法證明標章之案例，認為即使是未經註冊之證明標章，於符合特定要件之情況下，仍得基於證明標章之地位行使權利[288]。法國地理標示「干邑」即多次以「普通法

---

[284] 15 U.S.C. §1064(3); Smit, *Supra* note 279, 423-424.

[285] 15 U.S.C. §1064.

[286] 15 U.S.C. §1054.

[287] Smit, *Supra* note 279, 426-427.

[288] Hughes, *Supra* note 2020, at 310.

證明標章」之地位，對他人之商標發起異議，並獲得勝訴判決，以下為有關「干邑」普通法證明標章之案件列表。

表 4：美國普通法證明標章判決列表（作者自製）

案件名稱	系爭名稱	年份	所涉條文
1	*Otard, Inc. v. Itanlian Swiss Colony*	Colognac、Calognac	1944	不公平競爭
2	*Bureau National Interprofessional du Cognac and Schieffelin & Co. v. International Better Drinks Corporation*	Colognac	1988	第 2 條(e)(3)項 第 43 條(d)項
3	*Institut National des Appellations d'Origine v. Brown-Forman Corp.*	Canadian mist and Cognac	1998	第 2 條(d)項

有關「干邑」在《聯邦商標法》下的「普通法證明標章」發展，可自 1944 年 *Otard, Inc. v. Italian Swiss Colony*[289]案（下稱「*Otard* 案」）談起，須注意者為，在該案判決之時，依 1905 年《聯邦商標法》之規定，美國並不允許團體組織申請商標註冊，故無團體商標、證明標章及服務標章等類型之商

---

[289] *Otard, Inc. v. Italian Swiss Colony*, 141 F.2d 706 (Cust & Pat. App. 1944).

標，在 1946 年《聯邦商標法》尚未實施之前，這類具集體權
性質之產地來源保護主張，多是以「不公平競爭」為理由
[290]。不過，即使當時並無證明標章之法律依據，美國聯邦海
關暨專利上訴法院（United. States Court of Customs and Patent
Appeals）仍以被告 Italian Swiss Colony 註冊 Colognac、
Calognac 為白蘭地商標，將構成消費者之混淆誤認為由，做出
了被告之商標應不予註冊之判決。

　　該案於委員會階段時，遭委員會認定原告並無提起異議之
權，不過經原告上訴後，上訴法院則認為，該案之爭議為「當
大家看到 Calognac 一詞時，會不會認為使用此一商標之白蘭
地係源自於干邑」，亦即，Calognac 是否會使消費者及大眾產
生「此一詞彙為『干邑（Cognac）』的錯誤拼法」的印象，
而認為此一詞彙具有描述上或地理上之意義[291]。

　　上訴法院首先處理了委員會所發生之形式面爭議，認為只
要當事人得證明其可能受有損害時，即可對於已註冊之商標提
起撤銷訴訟，故本件上訴人具有提起商標異議之當事人適格；
在實質面上，法院肯認了上訴人得以「干邑」為請求事實基礎
提起本件訴訟。法院提到，「干邑」係由生長於法國干邑地區
之葡萄所蒸餾之白蘭地，其生產領域受到法國法之規定。由於
干邑一地之土壤具備一定品質，致使於該地生長之葡萄均有特

---

[290] Smit, *Supra* note 279, 424-425.

[291] *Supra* note 289, 707.

定特色及風味，以該地之葡萄所製成白蘭地，為法國其他地區所種植之葡萄所無法比擬，因此，干邑白蘭地被公認為最優質的白蘭地[292]。

　　法院亦表明了「干邑」的「特別權利（sui generis）」性質，「干邑」至今尚未被註冊成為商標，故無任何人有專用權，因此，只要其所使用之方式與上訴人相同，將「干邑」用於自法國干邑地區所進口之白蘭地產品上，被上訴人是具有「干邑」一詞之使用權。不過，本件被上訴人卻是將「干邑」使用於法國干邑地區以外之地區所生產的白蘭地，此已非前述使用權之範圍。法院認為，「干邑」是一個實質性名稱（Substantive name），數百年來一直代表著特定類型白蘭地[293]。

　　而在認定 Caloganac 是否有致使公眾混淆誤認時，法院則是以整體觀察 Caloganac 一詞的方式進行分析，Caloganac 的第一個字母即倒數四個字母均與 Cognac 相同，倘若將 Caloganac 中的 A 及 L 刪除，此一詞彙與 Cognac 完全相同，幾乎可以肯定 Caloganac 與 Cognac 在外觀上是具有相似性的。法院認為，被上訴人有意尋找一個與 Cognac 外觀近似的名稱作為商標，而最終被選擇採用的 Caloganac 也確實是一個與 Cognac 近似

---

[292] *Supra* note 289, 708.
[293] *Supra* note 289, 709.

的商標,故應不予註冊[294]。

「干邑」在 1944 年 *Otard* 案取得勝訴後,該案之同名商標 Colognac 於 40 年後又再次被申請註冊,遭到「干邑」地理標示組織干邑公會(Bureau National Interprodessionael du Cognac,下稱「BNIC」)提起商標異議[295]。在 *Bureau National Interprofessionnel du Cognac and Schieffelin & Co. v. International Better Drinks Corporation*(下稱「*BNIC* 案」),BNIC 所持有之證據與 *Otard* 案大致相同,稍有不同者為,BNIC 係以法國法下有權管理「干邑」使用者之地位出發,類似於「干邑」之集體聲譽代理人或信託人。本件係於 1946 年《聯邦商標法》通過以後進行,證明標章已於法律明文,此外,有關第 2 條(a)項「欺騙性不實地理描述」以及第 2 條(e)(3)項「欺騙性錯誤地理描述」之不予註冊事由均已入法,以上均為 TTAB 據以裁判之基礎[296]。

TTAB 在本件中延續了 *Otard* 案之見解,接受了 BNIC 之普通法證明標章之主張,首先,「干邑」為法國法下之名的白蘭地產地,具有認證葡萄、蒸餾方法、年份等產品標準之功能。此外,BNIC 亦為法國法下有權對於白蘭地是否為「干

---

[294] *Supra* note 289, 710-711.

[295] *Bureau National Interprofessionnel du Cognac and Schieffelin & Co. v. International Better Drinks Corporation*, 6 U.S.P.Q.2d 1610 (Trademark Tr. App. Bd 1988).

[296] Gervais, *Supra* note 215, 135-136.

邑」進行認證者，為負責保護「干邑」原產地名稱之組織。基
於前述事實，法院認為「干邑」一詞應為受 BNIC 所控制之普
通法區域證明標章（common law regional certification
mark），故 BNIC 具有提起商標異議之權，得依《聯邦商標
法》第 2 條(d)項主張 Colognac 將與先存在之「干邑」發生混
淆誤認之虞，應不予註冊[297]。最終，TTAB 以「干邑」已取得
《聯邦商標法》下證明標章之地位，認為本件 Colognac 已非
第 2 條(e)(3)項「欺騙性錯誤地理描述」，故不得透過後天識
別性之舉證註冊以成為商標，並以聯邦商標法第 2 條(d)項之事
由，做出了申請人之商標不予註冊之決定[298]。

　　「干邑」的普通法證明標章地位在 1998 年 *Institut
National des Appellations d'Origine v. Brown-Forman Corp.*[299]
（下稱「*Brown-Forman* 案」）得到肯認，該案之涉訟名稱為
「Canadian mist and Cognac」，法院除於本件再次強調「普通
法證明標章」之要件外，更進一步揭示了普通法證明標章之
「混淆誤認之虞」的判斷標準。TTAB 認為，「干邑」本即為
知名的地理標示，其使用受到法國法有關蒸餾酒之品質標準及
產區規定的限制，且消費者已確實理解到「干邑」一詞係指源
自於法國干邑地區之白蘭地，則「干邑」之「普通法證明標

---

[297] *Supra* note 295, at 7.

[298] *Supra* note 295, 11.

[299] *Institut National des Appellations d'Origine v. Brown-Forman Corp.*, 47
U.S.P.Q.2d 1875 (Trademark Tr. App. Bd. 1998).

章」地位是毫無疑問[300]。當地理名稱之使用已經受到控制與限制，且可向消費者傳達可靠資訊，表明使用地理名稱之產品係源自於特定地區時，則此一地理名稱已發揮證明標章之作用就如同商標一般可向消費者傳達產品係源自於特定生產者之資訊即可構成，至於消費者是否確實理解系爭普通法證明標章之「認證過程」，已非所問[301]。

在證明標章是否有發生「混淆誤認之虞」的判斷標準上，TTAB 認為，從聯邦商標法第 2 條(d)項之用詞來看，該條文僅提及「混淆誤認之虞」，而無第 2 條(a)項及第 2 條(d)項之「欺騙性」之用詞，此外，也並未發現該項之「混淆誤認之虞」用語，有出現與一般商標之間的任何差異，應可認為證明標章與一般商標之判準並無不同，故當 Brown-Forman Corp. 以「Canadian mist and Cognac」為商標，行銷不符合「干邑」定義之產品時，即已形成「混淆誤認之虞」，即使其產品內確實含有真正之「干邑」而不具備「欺騙性」之意圖，仍無法據以正當化其行為[302]。

從前述「干邑」普通法證明標章之見解，在 *Otard* 案，上訴法院透過強調「干邑」為公認的優質白蘭地產地，以及具有數百年的歷史，已成為「實質性名稱」而具有「特別權利」性

---

[300] *Id.*, 9.

[301] *Id.*, 10-11.

[302] *Id.*, 16-17.

質的方式，認為雖然沒有任何人有專用「干邑」一詞的權利，但其使用方式亦須受其「特別權利」性質的影響，只能在與大眾所認知的共識條件下使用「干邑」。在 *BNIC* 案，TTAB 明示了 BNIC 為「干邑」之集體聲譽代理人或信託人，並認為「干邑」為普通法證明標章，BNIC 有提起第 2 條第(d)項之權，此似可作為美國法院有承認地名具有集體聲譽之意，並且認同證明標章具有保護集體聲譽之功能[303]。

三、小結

在地理標示辯論上，美國向來站在歐盟的對立面，即使 TRIPS 已將地理標示納入國際智慧財產權規範體系之中，美國至今仍未採取如歐盟之特別權利來保護地理標示，反而是以調整既有法律──《聯邦商標法》及《聯邦酒類管理法》之方式，來實現 TRIPS 酒類產品之「特別保護標準」。在 TRIPS 之後，美國先是於《商標法》全面禁止涉及酒類產地標示者註冊成為商標，而有關「欺騙性地理描述」部分，亦不再區分「不實」與「錯誤」兩種性質，而是「不實」與「錯誤」一律不得註冊成為商標。又除了《聯邦商標法》，美國亦以《聯邦酒類管理法》有關「原產地名稱」之規定，對於在美國上市流通之

---

[303] Gervais, *Supra* note 215,138.

酒類產品進行規範。藉由 COLA 之認證審查，以及對酒類產地名稱依其於境內之「通用化程度」區分為「通用名稱」、「半通用名稱」及「識別性名稱」之方式，嚴格要求酒類產地標示之正確性，杜絕產品名稱發生誤導產地之情形。另外，2006年《歐美葡萄酒貿易協定》亦促使美國對於與歐盟談判合意之地理名稱，承諾將嚴格審視使用這類名稱之酒類產品的產地真實性。

《商標法》與《酒類管理法》為美國地理標示制度的兩部重要法律，兩者確實於 TRIPS 以後，因酒類產品之「特別保護標準」而出現重疊現象，然仍不得忽略兩者本質上與功能上的差異。《商標法》主要針對「商標註冊與否」問題做判斷，《酒類管理法》則以處理「酒類產品是否得於市場上合法流通」問題為主，TTB（BATF）雖於認證酒類產品時，會將產品名稱是否涉及酒類地理標示的問題納入考量，但當產品名稱涉及商標爭議時，基於《酒類管理法》與《商標法》的不同目的，COLA 無法作為免責抗辯的援引基礎，蓋商標是否得以註冊係屬於《商標法》之範疇，而為 USPTO 之權限。

本章以蘇格蘭威士忌協會於美國提起之商標異議訴訟為分析對象，探討 TTAB 及法院之見解，發現在歐盟經常被使用的「喚起」行為態樣，雖未於《聯邦商標法》之條文中出現，但美國法院在商標不得註冊事由之條文解釋時，確有融入「喚起」概念之趨勢，例如：以「喚起」擴張「地理描述」之範疇，將具有「蘇格蘭風格」之用詞納入條文評價範圍，使法院

得以進一步審查這類「蘇格蘭風格」產品名稱是否有導致消費者混淆誤認產地之虞。

　　美國對於地理名稱之保護，向來均以「公平競爭」與「消費者保護」之角度視之，此一觀念亦反映於其商標異議的制度設計，以及混淆誤認之虞的判斷標準。儘管由《商標法》與《酒類管理法》所共同建構美國的地理標示保護制度，經常被批評為達到 TRIPS 保護標準，且其與歐盟特別權利制度有保護程度上的尚有落差，美國始終認為地理標示欲取得積極權利，應透過註冊成為「產地證明標章」之方式，以《商標法》之侵權與異議規定進行主張。不過，即使地理標示未經註冊，仍有機會透過「普通法證明標章」適用《商標法》主張權利。

　　從第二章及第三章分別關於歐盟與美國之制度與實務所作成之分析發現，歐盟與美國對於地理標示有不同的理解，此一認知落差亦反映於兩者截然不同的保護制度設計，以及司法實務對於「喚起」的不同定位。以下將以歐美司法實務所呈現之地理標示保護範圍為核心，探討歐美地理標示保護範圍與兩大陣營辯論立場的互動，此外，也將分析我國地理標示保護現況，找出我國於歐美地理標示辯論的突破點，並提出改善我國地理標示制度與實務之改善建言。

第四章　歐盟與美國地理標示保護 範圍於我國之反思與借鏡

　　談及歐盟與美國在地理標示議題的分歧，不得不追溯至 1883 年的《保護工業財產權巴黎公約》（*Paris Convention for the Protection of Industrial Property*，下稱《巴黎公約》），這是「產地」第一次以「智慧財產權」的身分在國際上被討論，不過，當時國際社會對於「產地」的概念仍是以其「來源指示」之功能為主[304]，直到 1958 年《保護原產地名稱及其國際註冊里斯本協定》（*Lisbon Agreement for the Protection of Appellations of Origin and their International Registration*，下稱《里斯本協定》），歐盟國家將其內國之原產地法規（appellation law）引入至國際，歐盟所欲推動的「原產地名

---

[304] Article 10bis(3) of Paris Convention, "The following in particular shall be prohibited: (i) all acts of such a nature as to create confusion by any means whatever with the establishment, the goods, or the industrial or commercial activities, of a competitor; (ii) false allegations in the course of trade of such a nature as to discredit the establishment, the goods, or the industrial or commercial activities, of a competitor; (iii) indications or allegations the use of which in the course of trade is liable to mislead the public as to the nature, the manufacturing process, the characteristics, the suitability for their purpose, or the quantity, of the goods."

稱（Appellation of Origin）」始成為國際智慧財產權「產地」概念之討論範疇[305]。

《里斯本協定》除了定義原產地名稱之自然與人文因素內涵[306]，亦提倡原產地名稱之「國際登記制度」[307]。不過，「國際登記制度」並未獲得國際社會的支持，尤其是以美國為首的新世界國家，包括澳洲、加拿大、智利均反對此一制度之實施，認為「國際登記制度」將會導致如「Parmesan（帕瑪森起司）」、「Parma（帕馬火腿）」、「Chablis（夏布利白葡萄酒）」等已成為產品通用名稱者為歐洲所專有，這勢必會對於國內農業發展形成限制，事實上，地理標示議題早已不僅只是智慧財產權議題，更多是涉及農產品及食品貿易之利害關係與立場談判問題[308]。

---

[305] Article 2 (1) of Lisbon Agreement, "In this Agreement, "appellation of origin" means the geographical name of a country, region, or locality, which serves to designate a product originating therein, the quality and characteristics of which are due exclusively or essentially to the geographical environment, including natural and human factors."

[306] Article 2 (1) of Lisbon Agreement.

[307] Article 1 (2) of Lisbon Agreement, "They undertake to protect on their territories, in accordance with the terms of this Agreement, the appellations of origin of products of the other countries of the Special Union, recognized and protected as such in the country of origin and registered at the International Bureau of Intellectual Property referred to in the Convention establishing the World Intellectual Property Organization."

[308] Irene Calboli, *Expanding the Protection of Geographical Indications of Origin Under Trips: Old Debate or New Opportunity?*. MARQUETTE INTELLECTUAL PROPERTY LAW REVIEW, 10, 181-203, 200-203 (2006); Hughes, *Supra* note 20, 12.

　　即使《里斯本協定》在推動原產地名稱保護的效果不如預期，但歐盟並未就此放棄地理標示議題，反而是將這場辯論從單純的「智慧財產權」擴展至「國際貿易」。在烏拉圭回合談判，歐盟不斷主張希望能將其會員國之地理標示保護標準（尤其是法國及義大利）擴及於所有產品；不過，以美國為首的普通法系國家（包括紐西蘭、澳洲等），均希望提供地理標示最低程度之保護即可，亦即僅對於酒類產品中尚未成為通用名稱之地理標示，提供「不致發生混淆誤認」之保護程度[309]。最終，地理標示以 TRIPS 第 22 條至第 24 條之形式成功加入國際智慧財產權規範體系，但歐美的地理標示論戰看似畫上休止符，而僅是讓戰場從談判桌移轉至實踐面。在 TRIPS 之後，歐盟與美國除了持續就地理標示擴張保護與否進行談判，更透過自身的政治與經濟實力，在與他國之 FTA 及 RTA 談判中，將地理標示列為必要協商事項。

　　本章將觀察歐美兩大陣營在 TRIPS 之後的立場呈現，分別從論述、制度與實務找出我國地理標示保護於歐美地理標示國際辯論之突破點，除釐清我國地理標示保護現況外，更將提出未來修法方向之調整與建議，據以完善我國地理標示制度與實務運作。

---

[309] Michael Handler, *Rethinking GI extension*, in RESEARCH HANDBOOK ON INTELLECTUAL PROPERTY AND GEOGRAPHICAL INDICATIONS 146-182, 149 (Dev S. Gangjee ed., 2016).

一、歐盟與美國地理標示辯論與保護範圍分析

　　TRIPS 地理標示保護標準雖成為目前之國際共識，但歐盟與美國之間的立場歧異問題並未獲得真正解決，不僅地理標示保護之「特別權利」與「商標法」兩個規範體系之間的衝突持續存在，歐盟一直想推動之地理標示國際登記制度也未見進展，取而代之的是 TRIPS 第 23.4 條課予會員國持續就此議題進行談判之義務。

（一）歐盟與美國地理標示辯論發展

　　在 TRIPS 之前，歐盟與美國的辯論主要聚焦於「產品與地理來源之間的聯繫」。此一爭點為地理標示議題之基本問題，也是地理標示必須與其他智慧財產權區別對待的理由，無論是在 TRIPS 之前或之後，均對於兩大陣營的地理標示論述有重要影響。

1.TRIPS 之前

　　在國際上，歐盟經常以「風土」作為產品與地理來源之間的聯繫基礎，法國 AOC 制度即是以「風土」作為註冊取得權利之基礎，欲註冊成為 AOC，除須產品確實源自於該地理來源外，尚須產品之「品質」或「特徵」有歸因於該地理來源之

自然與人文因素者，始得為之[310]。然而，其實「風土」觀點在歐盟尚有「自然與人文因素」要求的寬嚴度差異，此從歐盟地理標示制度區分為 PDO（原產地名稱）及 PGI（地理標示）即可窺知[311]。PDO 及 PGI 分別為「法國」及「德國」體系，PDO 強調產品之「品質（quality）」或「特徵（characteristic）」必須主要或完全可歸因於地理環境之「自然或人文因素」[312]；PGI 則較為寬鬆，以產品之「品質」、「聲譽（reputation）」或「特徵」主要可歸因於「地理來源」即可[313]。易言之，只要產品之「聲譽」與「地理來源」被認為具有關聯性，即使產品與在地「風土」之間的連結較為寬鬆，亦可註冊為 PGI，進而成為受歐盟保護之地理標示[314]。

　　即使歐盟內部對於「風土」尚有 PDO 與 PGI 兩種不同程度標準，但可以確定的是，歐盟認為地理標示有受到特別保護之必要，係因地理來源對於產品聲譽是有所貢獻的[315]。不

---

[310] Article L. 431-2 (the former Article L. 115-1) of the French Consumer Code; XINZHE SONG, THE PROTECTION OF GEOGRAPHICAL INDICATIONS IN CHINA: CHALLENGES OF ADOPTING THE EUROPEAN APPROACH, 25 (2021).

[311] Gangjee, *Supra* note 21, 6. PDO 與 PGI 之簡介，另可參本書第二章第一節。

[312] Article 5(1) of Regulation (EU) No 1151/2012 of the European Parliament and of the Council of 21 November 2012 on quality schemes for agricultural products and foodstuffs, 2012 O.J. (L 343), 1–29.

[313] Article 5(2) of Regulation (EU) No 1151/2012 of the European Parliament and of the Council of 21 November 2012 on quality schemes for agricultural products and foodstuffs, 2012 O.J. (L 343), 1–29.

[314] SONG, *Supra* note 310, 63.

[315] Gangjee, *Supra* note 21,15.

過，這樣的觀點並不為美國所認同，美國從「不公平競爭」角度出發，主張「聲譽」並不一定要來自於「地理來源」，也有可能是基於「消費者認知」，產地「知名」與否可以參照「普通法」對於聲譽的認定，或依「著名商標」來處理聲譽減損的問題[316]。

　　面對歐美兩大陣營對於地理標示受保護基礎的不同見解，TRIPS 第 22.1 條最終沒有採納歐盟的「風土」論點，或是美國的「不公平競爭」論點，而是以「聲譽」來建立產品與地理來源之間的聯繫，為歐美兩者之間的折衷方案[317]。TRIPS 第 22.1 條規定：「本協定所稱之地理標示，係指為便是依商品產自一會員國之領域，或其領域內之某一地區或地點之標示，而該商品之特定品質、聲譽或其他特性，主要係歸因於其地理來源者[318]。」不過，有論者指出，TRIPS 第 22.1 條雖有緩解歐美雙方的地理標示定義之爭，但僅是雙方相互妥協之結果，歐美之所以接受 TRIPS 成為國際共識，係因其條文「聲譽」用語容有讓歐美雙方各自解釋之空間，尤其是反對以特別權利保護地理

---

[316] Gangjee, *Supra* note 21, 11.

[317] Gangjee, *Supra* note 21, 10.

[318] Article 22(1) of TRIPS, "Geographical indications are, for the purposes of this Agreement, indications which identify a good as originating in the territory of a Member, or a region or locality in that territory, where a given quality, reputation or other characteristic of the good is essentially attributable to its geographical origin."

標示的國家[319]。美國將「聲譽」解釋為「消費者之間的聲譽」，認為產品的「聲譽」應由市場決定，因此，在認定地理標示侵權與否之判斷時，商標法「混淆誤認之虞」的判斷標準仍有適用[320]；歐盟則是將「聲譽」解釋為必須由「地理來源」提供，用於建立「產品與地理來源之間的聯繫」，必須要產品之聲譽主要係歸因於地理來源者，始得註冊成為地理標示，且地理標示所適用之侵權行為判斷標準，亦與商標有所區隔[321]。詳言之，歐盟地理標示「聲譽」所代表之內涵是較商標更為廣泛的，除了最基本的產品「知名度」以外，更須討論「產品地理來源的知名度」，以及「產品與地理來源形成知名度的原因」[322]。

2.TRIPS 之後

　　在 TRIPS 之後，歐盟與美國的地理標示辯論仍持續發展，雙方更透過自身強大的政治經濟實力，以 FTA 或 RTA 等方式將其地理標示觀點輸往他國。歐盟身為地理標示倡議方，認為第 22 條一般保護標準已不符合現今消費者對於產地資訊之需求，故依舊積極遊說他國將 TRIPS 酒類特別保護標準擴大適用

---

[319] Gangjee, *Supra* note 21, 17.

[320] Gangjee, *Supra* note 21, 11.

[321] Gangjee, *Supra* note 21, 9.

[322] Gangjee, *Supra* note 21, 19.

至所有產品[323]。歐盟向來以「更高程度之消費者利益」及
「生產者保障」為主張，認為擴張地理標示將有助於確保消費
者購買到「正統」且「高品質」的產品，且能將產品品質提升
之「利潤」確實回歸於生產者。首先，歐盟指出，現今消費者
看待「產地」之方式已經超越了「來源指示」的程度，地理標
示除了可以指示產品來源，更具備源自於該特定區域之產品所
應具備之品質，不僅能提升資訊之正確性，亦可協助消費者做
出符合需求之購買決策[324]。第二，TRIPS 第 22 條提供「非酒
類產品」之一般保護標準係以「消費者保護」及「公平競爭」
為基礎，該規定讓「非酒類產品」無法對抗以「翻譯」、「同
風格」或「模仿」等方式使用地理標示之行為，但這些行為正
是導致地理標示逐漸通用化的原因[325]。

　　歐盟認為，地理標示產特色係因其地理來源的獨特環境，
以及在地生產者的長期投資與傳統技術所形成，這些產品多為
小規模生產，其利潤更多是取決於「聲響」，此與大量生產產
品之利潤主要取決於「成本」有所不同[326]。倘若不對於「聲

---

[323] Handler, *Supra* note 309, 5.

[324] Report by the Director-General, *Issues Related to the Extension of the Protection of Geographical Indications Provided for in Article 23 of the TRIPS Agreement to Products other than Wines and Spirits*, WORLD TRADE ORGANIZATION - GENERAL COUNCIL TRADE NEGOTIATIONS COMMITTEE, WT/GC/ W/546 (May 18, 2005), para. 61.

[325] *Id.*, para. 40.

[326] Calboli, *Supra* note 308, 197.

譽」搭便車之行為予以究責，放任品質低劣之產品使用地理標示，將導致生產者失去持續生產高品質之地理標示產品的誘因，最終損及消費者購買產品的權益[327]。

　　美國不支持歐盟擴大地理標示保護之理由，可以追溯回美國對於歐盟「風土」論述的不認同[328]。從歐盟的論述來看，地理標示係採取讓「地名」在地生產者「權利」之方式，實現防止他人對於地名聲譽搭便車之行為，然而，對美國而言，地名之知名度或是搭便車之心理根本非使用地理標示之原因，許多歐盟所欲保護之地理標示早已成為美國民眾日常所習慣使用之用語，尤其是美國屬於移民國家，使用原生國家的地名作為食品名稱，應是移民社會非常普遍的命名技術[329]，對於這些詞彙，一般消費者不會以「地名」視之，而屬於一種「產品類別」，因此，根本不須以超越「消費者混淆誤認之虞」的標準來保護之[330]。例如，「Parmesan」是一種起司製作技術，此一技術伴隨著移民到了新國家並持續使用，故在美國的認知中，「Parmesan」是一種起司[331]。從美國的觀點來看，這些地理標示在受到歐盟保護之前就已經融入成為新國家的日常，且地理

---

[327] Nation, *Supra* note 276, 994-995.

[328] Xiaoyan Wang, *A Comparative Analysis of the Transatlantic Controversy over Geographical Indications*, STANFORD-VIENNA TRANSATLANTIC TECHNOLOGY LAW FORUM, 53, 23 (2020).

[329] Handler, *Supra* note 309, 10.

[330] Nation, *Supra* note 276, 998-999.

[331] Nation, *Supra* note 276, 998-999.

標示產品能取得今國內或國際市場地位，其於新國家之廣泛使用行為也可能是原因之一，而歐盟的地理標示「風土」論述卻忽略了此一因素，僅承認在地生產者對於地名之貢獻，並在地理標示於國際上獲得成功以後，直接將地理標示權利歸屬於在地生產者，此一行為其實也是另一種形式的搭便車行為[332]。

　　歐盟推行地理標示之本意是為了提升消費者對於產地之辨識度，不過，對美國來說，地理標示仍屬於「後來」制度，為因應此一新興權利，美國食品產業也須相對地改變原有之行銷推廣策略，這勢必會導致市場出現混亂，並發生難以管理的情況。由於美國民眾早已習慣原先之行銷手法，食品產業必須投入相當成本重新教育消費者，否則只會讓「混淆誤認」的情況以另一種形式出現[333]。

　　地理標示雖以向後生效為原則，並訂有過渡期間，在歐洲亦有行銷名詞成功轉換先例，例如西班牙氣泡酒於「Champagne」成為地理標示以後，重新以「Cava」為名行銷氣泡酒並獲得成功，但美國認為此一案例應屬個案，尤其是該案僅涉及酒類產品，倘若地理標示全面擴張至一般產品，則整個食品產業均會受到影響，包括生產、配銷與行銷，轉換行銷方式之結果是難以預測的[334]。

---

[332] *Supra* note 324, para. 38.

[333] *Supra* note 324, para. 47.

[334] Nation, *Supra* note 276, 999.

　　此外，會員國之間的多邊協定談判對於將會一定程度的限制 TRIPS 第 24.6 條通用化例外規定的適用[335]。美國指出，歐盟正不斷的利用國際談判，將已經落入公共領域之通用名稱重新賦予權利，尤其是歐盟在 2003 年之 WTO 農業委員會談判時，提出了希望能恢復地理標示地位之「收回清單（claw-back list）」，內容涵蓋了如「Parmesan（起司）」、「Feta（起司）」、「Asiago（起司）」等至今仍陷入通用名稱爭議之名稱[336]。從歐盟提出「收回清單」的行動來看，歐盟似有以第 24.1 條個別承諾保護特定地理標示的方式，促使他國承諾保護其所提出之地理標示清單，讓一些尚在爭議中的名稱不會落入第 24.6 條範疇，一旦這份「收回清單」成功通過，WTO 會員國即須承諾保護清單內所列地理標示，則清單內的爭議名稱即不再是通用名稱[337]。

（二）歐盟與美國地理標示保護範圍之衝突與交集

　　從前述可看出歐盟與美國在地理標示論述上的衝突，歐盟

---

[335] *Supra* note 324, para. 49.

[336] European Commission, WTO talks: EU steps up bid for better protection of regional quality products, Press release IP/03/1178 (August 28, 2003). https://ec.europa.eu/commission/presscorner/detail/en/IP_03_1178. (Last visited: 04.08.2023)

[337] Lynne Beresford, *Geographical Indications: The Current Landscape*, FORDHAM INTELL. PROP. MEDIA & ENT. L. J., 17(4), 979-997, 989 (2007).

以「生產者」觀點出發，強調將「利潤」回歸於在地生產者的
重要性；美國則以「消費者保護」及「公平競爭」為論點，認
為只須確保產地不發生「混淆誤認」即可。以下將從前述歐盟
與美國地理標示制度與實務之分析出發，探討歐盟與美國兩大
陣營衝突的地理標示理念與制度設計，歐盟與美國看似完全衝
突的地理標示立場，卻在司法實務中因「喚起」之概念而有所
交集。

1.歐盟與美國分歧的制度設計理念：「權利」vs「資訊」

　　TRIPS 雖然成功讓地理標示進入了具有拘束力的國際智慧
財產權體系之中，但其僅規定了最低程度的保護標準，並未真
正的促成歐美雙方在地理標示議題的共識。由於 TRIPS 並未對
於會員國實踐地理標示保護的規範模式，這讓歐盟與美國取得
了操作空間，歐盟在 TRIPS 之後，仍是維持其全面提升地理標
示保護標準之主張，並以「特別權利」的方式讓「地名」取得
「權利」地位，並將權利歸屬於在地生產者；美國則維持其一
貫反對以特別法保護地理標示之立場，主張應以商標法及不公
平競爭來處理地理標示議題即可。

　　在歐盟的制度預設下，生產者得以「權利人」之地位，向
無權使用地理標示者，依地理標示規章所示之侵權規則主張權
利侵害[338]。地名一旦經註冊成為受保護地理標示，歐盟商標

---

[338] Article 27(1) of Proposal for GI, COM(2022) 134 final.

主管機關於審查商標註冊申請時，均須主動駁回涉及地理標示之商標[339]。此外，在處理地理標示與商標先後註冊所產生之衝突問題時，若地理標示為註冊在前者，則後申請之商標應於核准之空間，反之，若地理標示註冊在後，歐盟則傾向採取地理標示與商標並存之立場[340]。

　　歐盟從「生產者保障」之觀點出發，主張將地理標示保護範圍擴張適用至非酒類產品，並以列出受保護地理標示清單之方式，要求欲與歐盟進行國際經貿合作之國家，必須提供清單內地理標示特別保護[341]。歐盟向來認為，美國採取讓地理標示註冊成為「產地證明標章」之方式，並調整了註冊要件中的「識別性」認定標準，看似有助於緩解地理標示通用化而無從主張權利之問題，但實際上「證明標章」仍屬於「商標法」體系，必須受到商標法規定之限制，例如，「Parmigiano-Reggiano」雖已註冊成為證明標章，但「Parmesan」卻因已存在先申請商標，而無法再行註冊[342]。此外，現行商標法係以「混淆誤認之虞」為要件，這導致生產者欲向他人主張權利，必須投入成本實施消費者調查，據以證明他人不當使用地理標示之行為，確有致使消費者發生混淆誤認之虞的情況，這將使

---

[339] Article 14(1) of Regulation 1151/2012; SONG, *Supra* note 310, 255.

[340] SONG, *Supra* note 310, 265.

[341] 洪淳琦（2023），〈「風土戰爭」在亞洲？：地理標示近期國際談判之議題分析與對台灣之啟示〉，《臺大法學論叢》第52卷第2期。

[342] *Supra* note 324, para. 41.

生產者必須投入額外成本實施消費者調查，對於小型生產者而言會是沉重的負擔[343]。擴張地理標示保護之目的在於減少法律上不確定性，讓生產者與貿易商只須就「系爭產品是否有權使用地理標示」進行爭執，易言之，只要系爭產品不符合地理標示之產品規範書，該產品即無權使用地理標示，生產者即可追究其無權使用之責任，此將有助於簡化權利主張之途徑[344]。

　　與歐盟觀點相反，美國則是希望維持 TRIPS 最低程度之保護標準，並將地理標示置於商標法保護體系之中。美國為符合 TRIPS 地理標示保護義務，先是以《聯邦酒類管理法》將「產地」列為「酒類標示」合法性審查標準之一，又在《聯邦商標法》將「涉及酒類地理標示」新增為絕對不得註冊事由，兩者都是將地名以「資訊[345]」之視角來管制，目的在於促進酒類產品之間的公平競爭，以及保障消費者接觸到正確的酒類產品資訊。在 TRIPS 之後，聯邦商標法之修訂雖使得「酒類地理標

---

[343] *Supra* note 324, para. 42.

[344] *Supra* note 324, para. 48.

[345] 參見沈宗倫（2013），〈地理標示與商標利益衝突與協調——評析商標法第三十條第一項第八款相關司法實務發展〉，《政大法學評論》第 139 期，頁 65-109。該文主要探討我國商標法第 30 條第 1 項第 8 款所形成之地理標示與商標利益衝突調和問題，並以「產地資訊」及「商標資訊」之間的關係來分析。參酌我國與美國均有以商標不得註冊事由處理商標涉及產地之議題，故本書參考該文之論述，亦將《聯邦商標法》有關「產地」及「酒類地理標示」之商標不得註冊事由，定位為「產地資訊」與「商標資訊」之間的利益衝突與調和問題。

示」取得優先於商標之地位，然由於此一條文終究被歸類為
「商標異議」之被動程序，商標是否發生「混淆誤認產地之
虞」的問題，並不會被主動考量，而是在利害關係人提起異議
後，法院始介入展開相關審查，進一步判斷系爭商標「地理
描述」是否已構成致使消費者發生「混淆誤認產地之虞」的
情況[346]。

美國認為，歐盟試圖挑戰商標法「混淆誤認之虞」要件的
做法，實際上僅是將雙方爭執事項，從原本的「混淆誤認之
虞」轉變為其他事項，例如「是否涉及地理標示之使用」或
「地理標示是否為通用名稱」等，換言之，法院必須捨棄現有
且已發展成熟之「混淆誤認之虞」判斷標準，重新建立一
套專屬於地理標示之新判準，其過程之複雜與負擔將不言
而喻[347]。

2.歐盟與美國衝突立場的交集點：「喚起」

無論是從 TRIPS 前後的論述發展來看，抑或是觀察地理標
示的制度設計差異，歐盟與美國雙方在地理標示的不同觀點幾
乎都能完全呈現，然而，在分析歐盟與美國司法實務所形塑之
地理標示保護範圍後，也同時發現歐美兩大陣營看似完全衝突
之地理標示立場，在「喚起」之概念卻有了部分的交集。

「喚起」一詞在歐盟被列為地理標示侵權行為態樣之一，

---

[346] 15 U.S.C. §1052(a), (f); SONG, *Supra* note 310, 256.
[347] Nation, *Supra* note 276, 997.

歐盟對於地理標示之保護均圍繞著「喚起」來建立。「喚起」具有文義廣泛且不明確之特質，這讓「喚起」成為歐盟地理標示主張權利最常援引之條款，而此一法律上不確定性現象，在經過歐盟法院多年的見解詮釋，「喚起」之定義終於在 2018 年蘇格蘭威士忌案取得重大進展。此外，地理標示規章中有關地理標示侵權之四個行為態樣，亦隨著法院見解的累積，逐漸形塑出歐盟地理標示保護範圍。觀察歐盟法院之見解，歐盟地理標示保護範圍早已超出最基本的「地名」本身，而是將地理標示及產品之「形象」全面涵蓋在內。當一個不符合地理標示產品規範書之產品，其產品名稱、說明或外觀等，只要會觸發消費者對於地理標示之印象，即落入「喚起」之範疇，並構成地理標示侵害。「喚起」的運用讓法院只須以主觀之視角來判斷系爭產品與地理標示產品之間的關係，而無須進一步確認消費者是否會對於兩種產品發生混淆之情形[348]。

相較於歐盟直接將「喚起」列為侵權行為態樣之一，美國則是於司法實踐中融入「喚起」之概念。在維持既有商標法體系的前提下，美國法院透過「喚起」之概念，讓許多對地名而言具有「喚起性」或「暗示性」之用語，落入「地理描述」之範疇[349]。易言之，有些並非直接提及地名之用語，將因法院

---

[348] 有關歐盟法院見解與地理標示保護範圍之論述，可參本書第二章〈歐盟地理標示制度與侵權實務〉。

[349] 有關美國法院如何應用「喚起」擴張「地理描述」定義之見解，可參本書第三章〈美國地理標示制度與實務〉。

對於「喚起」概念之採納，而被認定屬於「地理描述」，法院亦可因此取得判斷「該用語是否涉及商標不得註冊事由」之權限，並進一步審查其「是否有致公眾發生混淆誤認產地之虞」。美國司法實務將「喚起」之概念用於擴張「地理描述」之定義，確實讓「產地」提出商標異議並獲得成功的機率提高，尤其是美國在 TRIPS 之後修法將酒類地理標示列為絕對不得註冊事由之情況。詳言之，酒類地理標示欲於美國發動訴訟，可透過「喚起」之概念，將對於酒類地理標示而言具有「喚起性」或「暗示性」意義之用語納入「酒類地理標示」之範疇，進而限制其註冊成為商標[350]。

　　歐盟與美國之實務見解確實於「喚起」的概念上有所交集，即使「喚起」在雙方制度中以不同的方式被運用，但同時都具有讓「地名」不再只是「地名」的功能。然值得注意的是，歐盟與美國的「喚起」觸發標準仍然不同，對歐盟而言，縱使僅為產品「外形」所引發的聯想，也可能落入「喚起」之範疇，但從美國之司法實務觀察，「喚起」的應用仍然限縮於「文字」所引發之聯想，且以讓消費者產生特定「地理位置」之印象為必要[351]。換言之，即使美國司法實務確有融入「喚起」之概念，但無論是「商標不得註冊事由」或是「不公平競

---

[350] 將「喚起」概念用於擴張酒類地理標示之案例可參 *Burns Night* 案，本書將該案整理於第三章第一節第二項。

[351] 參本書第三章第一節第二項 *McAdams* 案。

爭」之規定，「混淆誤認之虞」是法院判斷商標得否註冊的關鍵，消費者對於產地的認知仍是美國保護地理標示的重要標準，此與歐盟的「喚起」係以主觀標準來判斷產品名稱與地理標示之間的關係有別。

「喚起」雖為歐盟與美國兩相歧異論述之交集點，但考量到歐美雙方對於「喚起」之定位仍有差異，歐盟將「喚起」定義為侵權行為態樣，美國則是將其置於商標不得註冊事由之消極保護途徑中，地理標示雖可因「喚起」而發生類似保護範圍擴張之效果，但這仍未改變其被定性為「資訊」之「被動」特質。在美國，地理標示確實可因法院對於「地理描述」的擴張解釋，而形成權利範圍擴大之現象，但此一現象仍是發生於「商標異議」程序，地理標示係以「利害關係人」之地位提起訴訟，因此，若欲以「權利人」之地位向他人提起侵權訴訟，則仍以註冊成為商標法上「產地證明標章」為必要。

值得一提的是，由於美國之「普通法」概念下，未於美國註冊成為產地證明標章者，仍有機會在符合相關要件之情況下，以「普通法證明標章」之地位受到保護[352]，此與歐盟地理標示須以「已註冊」為受保護之前提有異[353]。換言之，即使地理標示尚未於美國註冊成為產地證明標章，仍有機會以「權利人」之地位，在美國提起侵權訴訟。不過，此處之「普

---

[352] 參本書第三章第二節第二項 *Brown-Forman* 案。

[353] Article 8 of Proposal for GI, COM(2022) 134 final.

通法證明標章」若欲提起訴訟，仍應依循聯邦商標法之侵權行為規定主張，「喚起」之概念應無適用之餘地。參酌聯邦商標法已註冊為「產地證明標章」者均有特定之「標章名稱[354]」或「樣章[355]」，因此，即使「普通法證明標章」因未經註冊而無公示「標章名稱」或「樣章」存在，普通法所提供之保護標準仍不宜超出商標法對於已註冊成為產地證明標章者之保護程度。是以，有關法院於商標異議制度中，以「喚起」來擴張「地理描述」定義之見解，應無適用於「普通法證明標章」之必要，「普通法證明標章」是否構成侵權之認定，仍是以發生「相同或近似之使用」為主，且須以前揭「相同或近似之使用」確有發生「混淆誤認之虞」為必要[356]。

二、我國地理標示保護現況

歐盟之地理標示概念雖於烏拉圭回合談判以後，因 TRIPS 之簽署正式成為各國國際智慧財產權之一，基於 WTO 國際義務，各會員國紛紛修法將「地理標示」概念納入內國法體系之

---

[354] U.S. Registration No. 2914308. [IDAHO Potatoes]

[355] U.S. Registration No. 2914307. [IDAHO Potatoes 圖]

[356] 參本書第三章第二節第二項 *Brown-Forman* 案。法院於 *Brown-Forman* 案指出，證明標章與一般商標在判斷是否構成侵權之標準相同，均以發生「混淆誤認之虞」為前提，且兩者的「混淆誤認之虞」判斷標準亦無差異。

中[357]。不過，由於 TRIPS 並未限制會員國實現地理標示保護之規範方式，這也讓談判桌上暫時休止的地理標示辯論，有了另闢戰場的空間。

臺灣在地理標示辯論中向來較為被動，尤其在 TRIPS 國際共識形成以後，我國修法將地理標示概念納入內國法，已然符合 TRIPS 所要求之地理標示保護標準，故在如何看待地理標示的問題上，我國經常處於旁觀者之狀態。然而，地理標示作為國際上新興且發展中之智慧財產權，仍處於持續變動的狀態，觀察歐盟與美國近年之經貿談判行動，兩大陣營均擅用自身強大的政治及經濟實力，透過 FTA 及 RTA 向他國輸出各自的地理標示觀點，許多國家為了維持其國際競爭力，正面臨著兩種規範體系之調和問題[358]。臺灣若有意持續參與國際社會，仍須關注國際上地理標示兩大陣營之論述發展，即使尚未受到歐盟與美國 FTA 之直接衝擊，但與他國進行外交談判時，仍會受到他國與歐美之間談判結果的間接影響[359]。此外，我國若

---

[357] Meghna Biswas, *TRIPS Agreement and Extended Protection of Geographical Indication*, INTERNATIONAL JOURNAL OF LAW MANAGEMENT & HUMANITIES, 4(2), 2872-2878., 2875 (2021).

[358] 洪淳琦，同註 341。該文提及，歐盟正積極透過 FTA 談判，以「確立法規」模式及「確立結果」模式，要求欲簽訂 FTA 之國家，必須承諾保護歐盟境內地理標示；美國則是透過 RTA 如 CPTPP，對亞洲國家產生影響，在美國退出 TPP 以後，該協定雖改名為 CPTPP，但仍將美國主導之條款予以保留。CPTPP 要求締約國必須採取一定措施，釐清「地理標示」、「商標」及「通用名稱」之間的關係。該文並以韓國、新加坡、日本及越南為例，說明以上四國調和歐盟與美國地理標示觀點衝突之因應措施。

[359] 我國目前與瓜地馬拉、巴拿馬及紐西蘭所簽訂之 FTA，均有就針對地理標示

有意加入 RTA，如跨太平洋夥伴全面進步協定（Comprehensive and Progressive Agreement for Trans-Pacific Partnership, CPTPP），該協定亦有針對就地理標示保護之談判。以下將透過檢視國內地理標示制度之運作，從規範面及實踐面分析現行制度之狀態，結合前述對於地理標示保護範圍之分析，找尋我國於歐美地理標示國際辯論之定位，以備未來國際經貿合作談判之需。

（一）我國地理標示制度

按 TRIPS 地理標示保護標準，區分為非酒類產品之「一般保護標準」，以公平競爭及消費者保護為規範核心，以及酒類產品之「特別保護標準」，禁止同類、同型、同風格或相仿之使用，我國為履行國際義務，於 TRIPS 之後亦修正內國法因應，採取類似於美國之規範路徑，除公平交易法有關著名表徵之規定外，並以《商標法》及《菸酒管理法》實現酒類地理標示之特別保護標準。此外，我國分別於 2003 年及 2011 年修法新增有關產地證明標章及產地團體商標之概念，成為地理標示於我國以積極地位行使權利之方式。

我國並無地理標示特別法，有關地理標示保護之規定，分別規範於《商標法》、《菸酒管理法》及《公平交易法》，以下區分為「消極保護路徑」、「積極保護路徑」及「不公平競

之規範條款。可參臺灣瓜地馬拉 FTA 第 15.02 條、臺灣巴拿馬 FTA 第 16.04 條、臺灣紐西蘭 FTA 第 10.07 條。

爭」分別介紹形塑我國地理標示保護制度之各個規範。

1.消極保護路徑

在 TRIPS 之前，我國《商標法》即有將致消費者混淆誤認產地之虞者，列為商標不得註冊事由，主管機關於審查商標註冊與否時，可據此駁回該商標註冊申請，而對於已註冊成為商標者，倘涉及產地混淆誤認之虞，利害關係人亦得透過商標異議制度，撤銷其商標權[360]。另外，《公平交易法》亦將「產地」列為「足以影響交易決定之事項」，倘若事業於產品之行銷時，以虛偽不實或引人錯誤之表徵影響消費者對於產地之認知，則得依法向事業究責[361]。在 TRIPS 之後，我國並未採取制定地理標示特別法規之路徑，而是沿用前述《商標法》及《公平交易法》之規範模式，但為因應 TRIPS 之酒類地理標示特別保護標準，修訂《菸酒管理法》，讓主管機關得於酒類上市流通以前，先依 TRIPS 標準審視酒類標示之合法性。

為符合 TRIPS 國際義務，我國修法調整了「商標不得註冊事由」之規定，將「產地」區分為「酒類產地」及「非酒類產地」。「酒類產地」依《商標法》第 30 條第 1 項第 9 款，若為相同或近似於我國或外國之葡萄酒或蒸餾酒地理標示，並使用於葡萄酒或蒸餾酒同一或類似商品，應不得註冊成為商標

---

[360] 民國 99 年修正公布《商標法》第 23 條第 1 項第 11 款。
[361] 《公平交易法》第 21 條第 1 項。

362。換言之，欲申請註冊成為商標者，一旦其名稱涉及酒類地理標示，將因觸及商標絕對不得註冊事由，即使該名稱並無使他人誤信產地之虞，仍無法註冊成為商標[363]。

　　「非酒類產地」則仍適用原先之「混淆誤認之虞」判斷標準，依商標法第 30 條第 1 項第 8 款，於有致使公眾誤信其商品或服務之性質、品質或產地之虞時，不予註冊商標[364]。亦即，欲申請註冊為商標者，其名稱雖涉及產地，但若無致公眾誤信產地之虞，則仍得註冊成為商標，至於有無「誤信產地之虞」之判斷，可參酌經濟部智慧財產局所發布之《商標法逐條釋義》，由於本款主要規範目的係防止商標所呈現之產品地理資訊，導致一般消費者出現產地之混淆誤認並影響其購買決策，故美國法之「產品產地關聯性」判斷方式，似有我國實務參酌之空間[365]。

　　我國除以商標法將「酒類地理標示」列為絕對不得註冊事

---

[362]《商標法》第 30 條第 1 項第 9 款：「商標有下列情形之一，不得註冊：……九、相同或近似於中華民國或外國之葡萄酒或蒸餾酒地理標示，且指定使用於葡萄酒或蒸餾酒同一或類似商品，而該外國與中華民國簽訂協定或共同參與國際條約，或相互承認葡萄酒或蒸餾酒地理標示之保護者。」

[363] 沈宗倫，同註 345，頁 89。

[364]《商標法》第 30 條第 1 項第 8 款：「商標有下列情形之一，不得註冊：……八、使公眾誤信其商品或服務之性質、品質或產地之虞者。」

[365] 經濟部智慧財產局（2021），《商標法逐條釋義》，頁 88-89。「證據資料顯示商標所指示之地理名稱相當知名，足使消費者與商品產地聯想，且商標所指定商品就是該地理區域主要產品，尤其是地理標示保護之地理名稱，應可認定該產地屬於影響消費者購買意願的重要因素。」

由外，《菸酒管理法》亦依 TRIPS 酒類特別保護標準做出調整，使主管機關於酒類產品上市之間，得先行審查酒類包裝之標示與說明書是否涉及地理標示不當使用。依《菸酒管理法》第 32 條第 5 項：「酒之容器與其外包裝之標示及說明書，不得有不實或使人誤信之情事，亦不得利用翻譯用語或同類、同型、同風格或相仿等其他類似標示或補充說明係產自其他地理來源。其已正確標示實際原產地者，亦同。」又同條第 6 項將酒類標示方式、內容及其他應遵行事項授權中央主管機關訂定管理辦法[366]。《酒類標示管理辦法》第 13 條訂有關酒類標示地理標示之規定，該條將「地理標示」定義為「足以表徵商品之特定品質、聲譽或其他特色之國家或地區等地理來源，且該來源為該商品之原產地」，且要求酒類產品若欲標示地理標示，須符合該地理標示所屬國之相關法律規範，並有檢附合規證明書之義務[367]。

2.積極保護路徑

因應 TRIPS 國際義務，我國透過《商標法》、《菸酒管理法》及《酒類標示管理辦法》所建構之「消極」地理標示保護途徑，事實上已符合 TRIPS 第 22 條及第 23 條之保護標準[368]。

---

[366] 《菸酒管理法》第 32 條第 6 項。又依同法第 2 條，本法之中央主管機關為財政部。

[367] 《酒類標示管理辦法》第 13 條第 1 項、第 3 項。

[368] 黃銘傑（2015），〈地理標示保護之商標法與公平交易法的交錯〉，《月旦法學雜誌》第 245 期，頁 93-118，頁 95。

然而，正如前述對於歐美地理標示保護範圍之研析，無論是
「特別權利路徑」之歐盟或「商標法路徑」之美國，國際上地
理標示兩大陣營已從各自之制度發展出「積極」保護地理標示
之方式，現今對於地理標示之討論均以「TRIPS-PLUS」論述
為主，故我國為因應此一國際議題趨勢，於 2003 年及 2011 年
修訂商標法時，分別將「產地證明標章」及「產地團體商標」
之概念納入，提供地理標示「積極」之保護手段，得依商標法
侵權行為主張權利[369]。

　　我國證明標章規定於《商標法》第 80 條，依該條規定，
證明標章權人可將證明標章用於證明他人商品或服務之特定品
質、精密度、原料、製造方法或其他事項，此為「一般證明標
章」；倘用於證明產地者，則為「產地證明標章」[370]。同條
第二項更進一步定義產地證明標章之內涵，係指該地理區域之
產品或服務應具有特定品質、聲譽或其他特性[371]，將 TRIPS 國
際共識對於地理標示之定義納入。原則上，證明標章之申請註
冊除須檢附證明他人商品或服務能力之文件、證明標章使用規
範書及不從事所證明商品之製造、行銷或服務提供之聲明外
[372]，尚須符合一般商標註冊之「識別性」要求，然此一「識
別性」要件於產地證明標章將有所調整，此於《商標法》第

---

[369] 許曉芬，同註 161，頁 20。
[370] 《商標法》第 80 條第 1 項。
[371] 《商標法》第 80 條第 2 項。
[372] 《商標法》第 82 條第 1 項。

84 條明文，為對於「識別性」要件放寬之規定[373]。有論者指出，此係基於產地證明標章之目的是為證明產品或服務之「產地」，而「產地」雖為描述性用語性質，但此一描述性用語正是證明標章之重要構成要素[374]。是以，產地證明標章是否得以註冊取得權利之重點在於，主管機關對於「產品與產地之間的連結性」所為之審查[375]，亦即，「產品與產地之間的連結性」才是讓產地成為受商標法保護證明標章之基礎。

相比於前述證明標章，團體商標係指具有法人資格之公會、協會或其他團體，為表彰其會員之會籍，並藉以與非該團體會員相區別之標識[376]。團體商標若用於指示會員所提供之商品或服務來自依定產地者，則屬「產地團體標章」，必須以該地理區域之商品或服務應具有特定品質、聲譽或其他特性為必要[377]，且產地證明標章有關「識別性」要件放寬之規定，亦有適用[378]。

3.不公平競爭

依 TRIPS 第 22 條對於地理標示之保護標準，會員國應對

---

[373] 《商標法》第 84 條第 1 項：「產地證明標章之產地名稱不適用第二十九條第一項第一款及第三項規定。」

[374] 許曉芬，同註 161，頁 21。

[375] 《商標法》第 82 條第 2 項：「申請註冊產地證明標章之申請人代表性有疑義者，商標專責機關得向商品或服務之中央目的事業主管機關諮詢意見。」

[376] 《商標法》第 88 條第 1 項。

[377] 《商標法》第 88 條第 2 項。

[378] 《商標法》第 91 條。

於任何會導致公眾混淆誤認產地或地理標示之不公平競爭行為加以管制。我國除了透過《商標法》及《菸酒管理法》實現地理標示保護外，基於TRIPS並未要求地理標示之保護應已註冊者為限，故《公平交易法》似有成為地理標示主張權利之依據。觀察我國《公平交易法》之規定，其中有關「著名表徵」及「不實廣告」之規範，似可成為未於我國註冊之地理標示主張權利之手段[379]。

　　有關「著名表徵」係規範於《公平交易法》第 22 條，該條第 1 項第 1 款：「以著名之他人姓名、商號或公司名稱、商標、商品容器、包裝、外觀或其他顯示他人商品之表徵，於同一或類似之商品，為相同或近似之使用，致與他人商品混淆，或販賣、運送、輸出或輸入使用該項表徵之商品者。」明文禁止將他人之著名商品表徵使用於相同或類似之產品，於有致他人混淆誤認之虞時，即成立不公平競爭行為。依本款規範內容來看，公平交易法所指之「著名表徵」係以發生兩產品之間「混淆誤認」為前提，其地位與「商標」相同，主要目的係用於表彰產品之來源主體，似與地理標示之表彰產品之產地及所具備之品質有異。不過，我國實務見解曾於池上米案，認定池上米證明標章可適用著名表徵之規定，判決理由為：「被告營業所提供之白米商品，以相關事業或消費者所普遍認知之原告系爭標章之『池上米』表徵，作為行銷白米之使用，致相關消

---

[379] 黃銘傑，同註 368，頁 109-110。

費者誤認被告白米商品業經系爭標章證明，是被告顯有混淆『池上米』產地與品質之行為[380]。」就此判決理由，有學者指出，本款之適用以發生「商品來源」混淆誤認之虞為必要，但法院卻採取「產地與品質」混淆誤認之虞為理由，論述上雖有些牽強，然其仍可成為地理標示援引本款提起救濟之先例，倘若地理標示經當地生產者或團體廣泛使用，並使公眾認識到地理標示表彰產品係源自於特定生產者或團體時，則有依本款尋求救濟之可能[381]。

而有關「不實廣告」則規範於《公平交易法》第 21 條第 1 項：「事業不得在商品或廣告上，或以其他使公眾得知之方法，對於與商品相關而足以影響交易決定之事項，為虛偽不實或引人錯誤之表示或表徵。」由於本條規範內容與 TRIPS 第 22.2 條之一般保護標準直接對應，且同條第 2 項直接將「原產地」列為「足以影響交易決定之事項」[382]，因此，地理標示於適用本項規定時，不僅無須證明本身為知名地理標示，只需專注於發現他人不當使用地理標示之行為，甚至可採取向公平交易委員會「舉發」之方式，促使公平會依舉發或職權調查相

---

[380] 智慧財產法院 100 年民商訴字第 16 號民事判決。

[381] 黃銘傑，同註 368，頁 110。

[382] 《公平交易法》第 21 條第 2 項：「前項所定與商品相關而足以影響交易決定之事項，包括商品之價格、數量、品質、內容、製造方法、製造日期、有效期限、使用方法、用途、原產地、製造者、製造地、加工者、加工地，及其他具有招徠效果之相關事項。」

關違法行為[383]。有論者指出，由於向公平會舉發屬於行政程序，相較於提起訴訟之曠日廢時，採取促使公平會發動調查之方式，應可節省不少涉訟成本，此外，公平會所為之處分通常較容易得到法院支持，也可能是選擇此一行動的考量之一[384]。是以，我國實務上確有不少「產地」或「地理標示」向公平會舉發不實廣告之案例，公平會更因此積極與經濟部及財政部協商規範分工，整理有關「酒類標示不實」之處分案例違法類型表，試圖建立行政機關內部之法律執行準則[385]。

（二）我國地理標示實務

從前述有關我國地理標示制度之分析可知，地理標示於我國主張權利之方式可區分為以「商標不得註冊事由」為主之「消極」途徑，以及以註冊為「產地證明標章」及「產地團體商標」為主張前提之「積極」途徑，綜觀我國司法實務在處理「產地」與「商標」之間的衝突問題時，原被告及法院所探討之爭點亦大致遵循此二途徑。

外國地理標示或知名產地於我國經常以第 8 款「有誤信產

---

[383] 《公平交易法》第 26 條：「主管機關對於涉有違反本法規定，危害公共利益之情事，得依檢舉或職權調查處理。」

[384] 黃銘傑，同註 368，頁 111。

[385] 公平會對於「酒類標示不實」之內部判斷準則，可參公平交易委員會（2008），《公平交易法為規範事業競爭行為之基本法》，〈參一二一、本會針對「酒類標示不實」處分案例之違法類型表〉，頁 300。

地之虞」及第 9 款「涉及葡萄酒及蒸餾酒地理標示」為請求之
依據。在讚岐案[386]，法院認為，讚岐為日本知名地名，我國
相關消費者亦知悉讚岐為盛產烏龍麵之地，因此若將「讚岐」
使用於非源自於讚岐之烏龍麵產品上，將有致公眾誤信產地之
虞[387]。在西雅圖約克夏奶茶案[388]，法院認為涉訟名稱「即品
約克夏」奶茶使用「約克夏」作為產品名稱，參酌「約克夏」
與英國著名旅遊景點「約克郡（Yorkshire）」之音譯相似，
然本件系爭產品非源自於該地，卻以「約克夏」為行銷用語，
此將使消費者產生系爭產品與約克夏具有關聯性之想法，進而
發生誤信產地之虞的問題。

　　蘇格蘭威士忌協會於我國亦曾依第 8 款提起商標異議，在
McDowell's 案[389]，蘇格蘭威士忌協會認為被告「No.1
McDowell's Centenary」商標之「Mc」字首，有使他人誤信被
告所生產之威士忌係源自於蘇格蘭，應不予註冊。對此，法院
肯認蘇格蘭威士忌協會之主張，認為「Mc」及「Mac」為蘇
格蘭常見姓氏，且整體觀察「No.1 McDowell's Centenary」亦
具有「蘇格蘭百年物品」之意，被告將此一商標使用於威士忌

---

[386] 最高行政法院 101 年度判字第 213 號判決。

[387] 然有學者指出，該案法院似得以《商標法》第 30 條第 1 項第 1 款之「商標欠
缺識別性」為由，認定系爭商標不得註冊。詳參黃銘傑（2014），〈已於外
國通用名稱化之地理標示與臺灣商標法之規範——最高行政法院有關撤銷
「讚岐」商標判決之評析〉，《月旦法學雜誌》第 232 期，頁 173-190。

[388] 最高行政法院 111 年度上字第 321 號裁定。

[389] 最高行政法院 94 年度判字第 417 號行政判決。

產品，有致消費者誤信產地之虞，尤其是蘇格蘭本即以生產威士忌而享譽國際，消費者確有可能因此認為系爭產品與蘇格蘭之間具有關聯性，進而做出錯誤之購買決策。

　　有關第 9 款之實務見解，在托凱案[390]，知名匈牙利葡萄酒產地「Tokaj/Tokaji」即於我國對「托凱」及「皇室托凱」商標申請評定，認為系爭商標涉及近似於外國酒類地理標示之中文譯名，應不得註冊。對此，法院認為，匈牙利與我國均為 TRIPS 會員國，雙方已承諾保護酒類地理標示，而「Tokaj/Tokaji」亦為獲得歐盟執委會核准註冊之受保護地理標示，縱無統一之中文翻譯，但確有以發音近似於原文之「托凱」為中文譯名，長期使用於我國市場之情形，故應認本件「托凱」及「皇室托凱」商標與「Tokaj/Tokaji」地理標示構成高度近似，而不得註冊成為商標。

　　若「產地」欲以「積極」地位向他人行使權利，必須以註冊成為「產地證明標章」或「產地團體商標」（下合稱「產地標章」）為前提。一般而言，產地標章亦可適用《商標法》之一般商標侵權規則，故當地理標示已註冊成為產地標章，面對他人之無權或不當使用之行為，似應以第 68 條為請求權基礎，不過，我國實務上卻有出現「著名產地標章」之概念，實現「跨產品類別」主張權利之效果，而無須適用「混淆誤認之

---

[390] 智慧財產及商業法院 110 年度行商訴字第 19 號行政判決。

虞」判斷標準。在池上米案[391]，法院指出，證明標章除另有規定外，得依其性質準用有關商標之規定，此於商標法第 94 條明文，故產地證明標章只要符合「著名」之要件，有客觀證據足以認定已廣為相關事業或消費者所普遍認識，即有被認定屬「著名產地證明標章」之空間。因此，本件「池上米」產地證明標章被用於表彰產自特定之臺東縣池上鄉區域之商品，不僅已於大陸地區註冊取得產地證明標章，同時也是受歐盟保護之地理標示。此外，原告積極推廣「池上米」標章產品，其成功經銷成果致使市場上有大量仿冒池上米之銷售，故應認「池上米」產地證明標章已屬著名產地標章。

除池上米案，我國法院於 Darjeeling 案[392]亦有論及「著名產地標章」之概念。該案法院提到，由於將 Darjeeling 使用為商標之產品為「衣類製品」，與本件異議人之「茶葉」產品分屬於不同產品類別，故於探討是否構成第 23 條第 1 項第 12 款（現第 30 條第 1 項第 11 款）時，應著重探討該款後段之要件，亦即，是否有減損識別信或信譽者。縱最終法院並未採納異議人所主張之「Darjeeling」為境外知名地理標示之論點，而是以「Darjeeling」於提出異議時，尚未註冊成為我國產地標章為由，認為其無適用該款事由之基礎，然有論者指出，由於上訴法院並未反對智慧財產法院有關探討產地標章「著名」

---

[391] 智慧財產法院 100 年民商訴字第 16 號民事判決。
[392] 最高行政法院 100 年度判字第 2145 號行政判決。

與否之論點，可見若「產地」確實註冊成為「產地證明標
章」，只要具備一定知名度，並符合我國商標法對於「著名」
之判準，則可以「著名標章」之地位來行使權利，並向非類似
產品主張侵權[393]。

三、我國地理標示制度與實務之反思與借鏡

綜觀有關我國地理標示制度與實務之分析，我國地理標示
制度係以類似於美國之方式，以《商標法》及《菸酒管理法》
共同建構，此外，《公平交易法》有關「著名表徵」及「不實
廣告」之規定，亦提供地理標示以行政程序受到保護之途徑。
而在積極保護方面，我國採取「產地標章」之方式，讓地理標
示能適用商標法侵權行為，對於不當使用產地標章之行為提起
侵權訴訟。

若以 TRIPS 之保護標準檢視前述制度，我國規範已然實現
其區分「酒類產品」及「非酒類產品」之不同保護標準，然
而，在歐盟與美國地理標辯論仍持續發展的背景下，兩大陣營
的立場衝突在 TRIPS 之後僅是取得檯面上的休止，並且從談判
桌轉向實踐面，此從歐美司法實務所形塑之地理標示保護範圍
差異，以及雙方與他國之 FTA 或 RTA 談判即可窺知。我國若

---

[393] 黃銘傑，同註 368，頁 98-99。

有意持續參與國際社會，則有必要持續追蹤 FTA 及 RTA 談判內容有關地理標示議題發展，從近幾年歐盟與美國簽訂 FTA 之條文觀察，地理標示似有成為必要談判項目之趨勢，我國於擬定國際經貿合作談判策略時，實不宜在準備上有所偏廢。以下將從前述歐盟與美國地理標示保護範圍分析及國際辯論發展出發，除將提出我國現階段之地理標示調整與改善建議外，亦將探討未來國際合作之可思考方向，以期對於我國未來擬定國際談判策略有所助益。

（一）第一階段：劃定保護範圍

　　我國於 TRIPS 之後，先是於《商標法》將酒類地理標示列為絕對不得註冊商標事由，再以《菸酒管理法》對於上市流通之酒類產品進行規範，要求酒類產品之標示與說明不得出現 TRIPS 所規範之不當使用地理標示之情形。由此可知，我國之制度係採取類似於美國之規範模式，在既有《商標法》之概念下將地理標示納入規範，以優先保護「酒類地理標示」之方式，協調其與商標之間的衝突問題，進而實現 TRIPS 對於酒類之特別保護標準。又除《商標法》「不得註冊事由」外，我國實務上亦有發生依《公平交易法》第 21 條「不實廣告」向公平會檢舉之案例，公平會即曾多次對於酒類產品原產地標示不

實之情形做成處分[394]。不過，值得注意的是，無論是《商標法》之「不得註冊事由」，或是《公平交易法》之「不實廣告」，以上所形成之地理標示保護仍是以「資訊」之概念在處理「地理標示」及「產地」問題，「酒類地理標示」看似因第 9 款「涉及酒類地理標示之不得註冊事由」之獨立規範而取得特別保護，但由於並無任何關於構成「地理標示」之認定標準，即使是知名酒類地理標示，只要沒有註冊成為產地標章，其地位事實上與一般「產地」差異不大，兩者之間的差別僅在於智財局或法院在進行判斷時，是否有探討「公眾認知」之必要而已。

　　不僅如此，欠缺「地理標示」認定標準的問題，亦讓我國酒類產地難以適用第 9 款提起商標異議，金門高粱案[395]即為實務案例之一。我國法院曾於「金門高粱」之商標異議訴訟，認為欲將「金門高粱」認定為酒類地理標示，必須證明產地（金門）對於產品（高粱）有自然與人文因素上之貢獻，異議人不僅無法提出此一證據，基於我國酒類長期專賣制度發展，並無歐美國家之酒類產區特色，不僅無所謂已註冊或經認定之「酒類地理標示」，「金門高粱」自民國 41 年即成立並開始販售高粱酒，其形象早已深植社會，應可認其已屬「著名商標」。詳言之，該案法院雖然確實指出「地理標示」之定義，容有讓

---

[394] 公處字第○二六號處分、第○二八號處分及第一○八號處分。
[395] 智慧財產法院 102 年度民商訴字第 32 號民事判決。

異議人舉證金門高粱屬酒類地理標示之空間，但法院也提到，我國在酒類與歐美的歷史發展不同，並無酒類地理標示之概念存在，故難以依第 9 款撤銷「金門高粱」之商標權。從此案之見解來看，第 9 款「涉及酒類地理標示之不得註冊事由」對於我國境內之酒類產地而言，幾乎無適用可能性，欲適用該款，似僅有外國地理標示，且須該國與我國有簽訂國際協定或有類似之國際合作者，始有援引之空間。

除第 9 款之適用，觀察法院於 McDowell's 案有關第 8 款「使公眾誤信產地之虞」之見解亦發現，我國實務似有容納「喚起」概念之空間。該案法院以「Mc」及「Mac」為蘇格蘭常見姓氏為由，擴張了「產地」之範疇，認為此一商標命名方式有致消費者聯想致蘇格蘭之嫌，尤其是當於蘇格蘭所生產之威士忌為享譽國際的情況下，系爭商標以「No.1 McDowell's Centenary」之強調蘇格蘭意義用語命名其威士忌產品，確有使公眾誤信系爭威士忌產品真正產地之虞，確有使公眾發生誤信產品真正產地之虞。然而，值得注意的是，我國法院在操作本款要件時，對於「產地」之認定標準有出現浮動現象。在 Great Glen 案[396]中，法院雖認同「Glen」為蘇格蘭語中具有「峽谷、谷地」意義之詞彙，但由於其非專指特定之蘇格蘭峽谷，不足以構成「地理名稱」，故倘若 Great Glen 具有識別性，尚難謂不得註冊成為商標。

---

[396] 最高行政法院 90 年判字第 2327 號行政判決。

　　從我國法院對於商標有致消費者誤信產地之虞的見解來看，在 McDowell's 的案件中，法院將「蘇格蘭姓氏」認定為會引起消費者的「誤信產地之虞」的用語，雖未直接指出「喚起」的概念，但似有將對地名而言具有暗示性及喚起性用語納入「產地」範疇之意；然而，此一見解卻在 Great Glen 案卻出現不同結果，法院不僅認為須達到明示或暗示「地理名詞」之程度始構成「誤信產地之虞」，更在採取較為嚴苛解釋方式「產地」定義的情況下，忽略了消費者是否會以「地理來源」來看待 Glen 的問題，並以辭典性文獻對於 Glen 之解釋，作為消費者接觸此一詞彙之一般通念佐證[397]，兩案相互比較之下，確有發生標準不一致之問題。詳言之，法院對於「產地」一詞的見解浮動，將導致產地在我國行使權利面臨不確定性，尤其是酒類產地在國際上已出現將 Glen 納為蘇格蘭威士忌之地理標示範疇之情況下，即使該案與我國法院判決做成之年份有時序上落差，我國仍有進一步確認第 8 款「產地」範疇之必要，而歐盟與美國實務見解在「喚起」概念之交集，應可成為我國面對歐美地理標示辯論之突破點。我國目前既已採取類似於美國之地理標示保護制度，尚無以特別權利保護地理標示之明確規劃，但若能透過司法實務，確認我國「喚起」概念之範圍，作為我國地理標示保護範圍與歐美趨勢相互銜接的第一

---

[397] 黃千娟（2014），〈論地理來源標示——以標章法為中心〉，國立臺灣大學法律研究所碩士學位論文，頁 70。

步，亦有助於提升地理標示保護標準，強化未來參與國際經貿談判之競爭力。

又在積極權利主張方面，我國係以註冊成為「產地標章」為前提，依我國《商標法》規定，產地證明標章之侵權認定係依循一般商標之侵權規則，然我國實務上卻有出現將「著名商標」之規定適用於產地證明標章之情形，有學者提到，我國實務將「著名商標」概念適用於「產地標章」，使產地證明標章得向非近似產品主張權利，不僅擴大解釋地理標示保護範圍，使其無須適用「混淆誤認之虞」之判斷標準，更讓我國之地理標示保護超越歐美之保護標準[398]，蓋歐盟與美國之司法實務至今均尚未對於「地理標示是否能跨產品類別主張權利」表示任何見解[399]。

另有關「產地標章」是否可以適用「著名商標」之規定，亦仍有討論之空間。「產地」為不具識別性之描述性用語，立法者為使其取得「證明標章」之地位，以《商標法》第 84 條第 1 項放寬其註冊成為證明標章之「識別性」標準，創設出「產地標章制度」[400]，並以「產地對於產品品質、聲譽與特性之貢獻」取代之。又「著名商標」之所以得對於非近似產

---

[398] 黃銘傑，同註 368，頁 116。

[399] Verbeeren & Vrins, *Supra* note 57, 327. 該文指出，歐盟法院目前在是否能跨類別主張方面至今均尚未做成見解，此為歐盟地理標示保護範圍之模糊地帶。

[400] 《商標法》第 84 條第 1 項。

品，以超越「混淆誤認之虞」之保護標準主張侵權，主要係因著名商標將因此類不當使用行為，而發生「識別性」減損問題[401]。由此可知，「產地」因欠缺「識別性」，故須特別訂定「產地標章制度」保護之，然此時實務見解卻又以「著名商標」之概念，承認「產地標章」具有高度「識別性」，且須以超越「混淆誤認之虞」之保護標準，以避免其發生聲譽或識別性減損之情形，似有混淆「產地標章」與「一般商標」功能之情況，「產地標章」之功能主要在於「表彰產品之產地」，此與一般商標著重於「表彰產品來源主體」的情形不同，故兩者的規範原理亦大相逕庭[402]。因此，《商標法》第 94 條雖有提及證明標章得依其性質適用一般商標之規定，然「產地標章」是否亦得依其「性質」得適用之情形，似有進一步研討之必要。

（二）第二階段：擇定保護模式

TRIPS 地理標示保護標準暫時緩和了歐美的地理標示辯論，但其未限制 WTO 會員國實現地理標示保護標準之途徑，亦為地理標示立場論戰留下伏筆，近年來歐盟與美國均利用自身強大政治與經濟實力，透過 FTA 或 RTA 向他國輸出其地理標示觀點，歐盟從「生產者保障」之觀點出發，主張將地理標

---

[401] 《商標法》第 70 條第 1 項第 1 款。
[402] 黃銘傑，同註 368，頁 108。

示保護範圍擴張適用至非酒類產品，並以列出受保護地理標示清單之方式，要求欲與歐盟進行國際經貿合作之國家，必須提供清單內地理標示特別保護；美國則維持其一貫反對提供地理標示特別保護之立場，認為應以《商標法》及不公平競爭來處理地理標示議題即可。面對歐盟以列出地理標示保護清單，要求締約方承諾保護的「清單模式」談判手法，美國雖然可接受其 FTA 締約方制訂內國保護地理標示之特別法，但必須建立「異議制度」，於承諾保護他國之地理標示時，有通知利害關係人表達意見之義務[403]。值得一提的是，此一現象尤其於亞洲國家最常發生[404]。在 TRIPS 之後，許多亞洲國家紛紛制定地理標示特別法，並採取特別權利的方式保護地理標示，然而，目前尚未有任何亞洲國家對於歐盟「共同地理標示保護架構」之主張做出回應或承諾[405]。

我國目前雖然尚未受到歐美 FTA 的直接衝擊，於現階段應可專注於調整我國司法實務之地理標示保護範圍，以改善現行制度之運作流暢為主。然而，歐盟與美國的地理標示觀點亦可能透過間接的方式影響臺灣，例如：臺灣巴拿馬 FTA 及臺灣瓜地馬拉FTA，即有約定雙方可提供地理標示清單，要求締

---

[403] 洪淳琦，同註 341。

[404] Ananthu S. Hari & K.D. Raju, *Free Trade Agreements and Geographical Indications Standards in Asia*, in GEOGRAPHICAL INDICATION PROTECTION IN INDIA: THE EVOLVING PARADIGM 49-73, 50 (Niharika Sahoo Bhattacharya ed., 2022).

[405] *Id.*, 50-51.

約方承諾保護特定地理標示[406]，此係與歐盟較為接近之「清單指定模式」[407]；而我國與紐西蘭所簽訂之 FTA，則是採取普通法系國家常見之約定模式，強調地理標示與商標之間的權力衝突與調和[408]，約定條文包括：「先申請商標優先於地理標示原則[409]」、「得以商標制度實現地理標示保護[410]」與「地理標示保護之異議與撤銷程序[411]」等。

　　觀察亞洲國家，如韓國、新加坡、日本及越南，在與歐盟或美國簽訂 FTA 或 EPA（經濟夥伴協定）後，均面臨歐盟與美國不同地理標示規範模式之調和問題，以上四國也對此衝突做出相當之回應[412]，似可成為我國擬定國際經貿談判之策略基礎[413]。此外，考量以上四國均採取地理標示特別法與商標法並行之規範模式，我國於後續在思考是否額外制定地理標示特別法，提供「產地標章」以外之積極權利主張途徑時，應可借助四國之規範運作經驗，並與我國國情綜合考量，以期建立一符合國際趨勢之地理標示保護制度，同時思及我國在地脈絡之地理標示保護範圍。

---

[406] 臺灣瓜地馬拉 FTA 第 15.02 條第 2 項；臺灣巴拿馬 FTA 第 16.04 條第 3 項。

[407] 洪淳琦，同註 341。

[408] 洪淳琦，同註 341。

[409] 臺灣紐西蘭 FTA 第 10.07 條第 1 項。

[410] 臺灣紐西蘭 FTA 第 10.07 條第 2 項。

[411] 臺灣紐西蘭 FTA 第 10.07 條第 3 項。

[412] Hari & Raju, *Supra* note 404, 58.

[413] 洪淳琦，同註 341。

第五章　結論

　　地理標示是一個由歐洲國家所發動之議題，早在 19 世紀初，法國、義大利及西班牙等歐洲國家，率先於制訂國內保護地理標示之法規，爾後，隨著「風土」及「生產者利益保障」之概念逐漸為部分國家所接受，由三國所形塑之「原產地名稱」權利概念於 1958 年《里斯本協定》正式進入國際，有關地理標示之「特別權利」與「商標法」規範模式爭論也逐漸浮上檯面。

　　自 1958 年《里斯本協定》以來，歐盟除了積極推動境內地理標示保護體系──「PDO（原產地名稱）」及「PGI（地理標示）」，以「特別權利」保護地理名稱外，更期許能將此一制度納入國際智慧財產權規範體系之中。然而，此一構想卻遭遇一同推動智慧財產權國際化之盟友──「美國」的反對，在地理標示辯論中，美國一貫採取反對地理名稱成為「權利」之立場，希望能將地理標示之保護標準維持在 TRIPS 之程度即可[414]。對美國而言，地名屬於「資訊」之一環，產品若涉及錯誤之產地標示，可以透過不公平競爭之不當標示來究責

---

[414] Nation, *Supra* note 276, 990.

[415]；若已形成消費者對於產地之錯誤認知，則可依商標不得
註冊事由不予註冊之[416]。

在 TRIPS 之後，歐盟與美國的地理標示辯論仍持續發展，
而各國對於 TRIPS 義務之回應，也讓地理標示出現了許多規範
與實務上的進展，例如：蘇格蘭威士忌協會於世界各地針對
「蘇格蘭式用語」所發起的地理標示侵權訴訟。無論是較為早
期的印度 Red Scot 案（2006），或近期和解的加拿大
Macaloney 案（2021），觀察蘇格蘭威士忌協會與被訴對象之
立場，均可看出雙方對於地理標示權保護範圍的認知落差，尤
其是 2018 年歐盟法院對於德國酒商 Glen Buchenbach 所作成之
先行裁決，該案涉訟名稱不僅對於「蘇格蘭」隻字未提，甚至
已於產品描述中標示「德國」為其真實產地，但仍舊被認為有
侵害地理標示之虞，以上案例均顯示出「地理標示」之權利態
樣早已非單純的「地名」。

本書以前述蘇格蘭威士忌協會所發起之地理標示侵權訴訟
行動為背景，嘗試從「規範面」與「實踐面」剖析歐盟與美國
的地理標示辯論，分別於第二章及第三章分析地理標示兩大陣
營──「歐盟」及「美國」之地理標示制度，以及司法實務所
形成之地理標示保護範圍。本書發現，歐盟與美國地理標示保
護的衝突立場不僅反映於雙方的制度設計，在地理標示保護範

---

[415] 15 U.S.C. §1125(a).

[416] 15 U.S.C. §1052(a); (2)(e).

圍上亦有所呈現。

　　歐盟從生產者利益保障觀點出發，透過賦予「特別權利」之方式，讓地理標示所適用之侵權規則能與商標權有所區隔。歐盟地理標示侵權類型共有四種，其中，以第二款的「喚起」為地理標示侵權最常主張者，由於其文義廣泛，任何可能使消費者產生聯想之情形，均有適用本款之空間，這迫使得司法實務必須介入，協助界定「喚起」一詞的範圍。自 1999 年歐盟法院於義大利 Gorgonzola 案首次定義「喚起」以來，由於其較為粗略的定義，導致地理標示侵權案件於一段期間內出現「使用」與「喚起」混合主張的情況，此一情形直至 2018 年蘇格蘭威士忌案，始獲得解決。法院於該案不僅區分了「使用」與「喚起」兩種行為態樣，更正式確立了歐盟以「喚起」為核心所建構之地理標示保護範圍，倘若系爭產品之任何指示，如產品描述、行銷用語等，甚至是產品外觀，只要有使消費者誤認其為地理標示產品之虞，均會落入地理標示保護範圍而成立侵權行為。

　　與歐盟相反，美國係以「公平競爭」及「消費者保護」為核心，希望能將地理標示保護程度維持於 TRIPS 保護標準。為實現 TRIPS 酒類特別保護標準，美國除修訂《聯邦商標法》將酒類地理標示列為絕對不得註冊事由，更以《聯邦酒類管理法》對於上市流通酒類之產地標示與產品命名進行管制。然而，無論是《商標法》的修法，抑或是《酒類管理法》的管制方式，兩者看似共同提升了酒類產地的保護程度，卻不難發現

美國仍是以「資訊」來定位地理名稱。事實上，美國一向認為，地理標示欲主張積極權利，應以「產地證明標章」制度為之，較為妥適。

不過，即使歐盟與美國的制度設計看似完全衝突，本書卻從兩者司法實務中有關「喚起」之應用，發現了部分的交集。美國法院見解似有以「喚起」之概念，試圖將許多對地名而言具有「喚起性」或「暗示性」之詞彙納入「產地」之範疇，使法院得以對於這類詞彙進行是否有致消費者混淆誤認產地之虞的後續判斷。

在這場歐盟與美國地理標示辯論之中，臺灣一直處於被動追隨國際趨勢之角色，然而，隨著歐盟與美國紛紛善用自身政治與經濟影響力，向他國輸出地理標示觀點，臺灣雖未正面受到歐美 FTA 之衝擊，但仍會因與他國之 FTA 而間接受到影響，因此，臺灣仍有必要於歐美地理標示辯論中尋求自身的定位，而歐盟與美國司法實務之「喚起」交集點，應可成為改善我國地理標示保護之突破點。承前所述，我國尚未受到歐美談判之直接影響，尚未面臨「規範模式」抉擇之迫切壓力，現階段可著眼於改善與填補現行制度與實務之缺失，例如：對於地理標示之理解，以及有關「喚起」概念之操作，透過劃定地理標示保護範圍的方式，提升我國地理標示保護標準，藉此與歐美國際趨勢之銜接，以利後續國際經貿談判策略之規劃。

我國地理標示保護雖已符合 TRIPS 國際義務，不過，歐美地理標示辯論並未因 TRIPS 共識而停止，在 TRIPS 之後，雙

方的地理標示論述仍持續發展，加上 WTO 並未限制會員國實現地理標示保護之方式，且允許各國透過談判相互約定高於 TRIPS 之保護標準。是以，我國仍有必要持續追蹤地理標示議題之發展，並觀察他國對於歐美不同立場之應對方式，同時審慎檢視內國制度與實務之運作，持續以建立一兼顧國際趨勢與在地脈絡之地理標示保護體系為目標。

參考文獻

一、中文部分

中文專書

公平交易委員會（2008），《公平交易法為規範事業競爭行為之基本法》。

經濟部智慧財產局（2021），《商標法逐條釋義》，110 年 9 月版。

中文期刊

王敏銓（2004），〈美國商標法上識別性之研究〉，《智慧財產權月刊》第 67 期，頁 87-106。

王思原（2014），〈歐盟地理標示研究〉，《科技法學論叢第》第 10 期，頁 207-253。

沈宗倫（2013），〈地理標示與商標利益衝突與協調——評析商標法第三十條第一項第八款相關司法實務發展〉，《政大法學評論》第 139 期，頁 65-109。

林利芝（2015），〈美國商標核准註冊後撤銷之研究——以包含「地名」之商標為例〉，《台灣法學雜誌》第 270 期，

頁 27-38。

洪淳琦（2023），〈「風土戰爭」在亞洲？：地理標示近期國際談判之議題分析與對台灣之啟示〉，《臺大法學論叢》第 52 卷第 2 期。

許曉芬（2016），〈以證明標章及團體商標保護地理標示之研究〉，《科技法學評論》13 卷 2 期，頁 1-46。

黃銘傑（2014），〈已於外國通用名稱化之地理標示與臺灣商標法之規範——最高行政法院有關撤銷「讚岐」商標判決之評析〉，《月旦法學雜誌》第 232 期，頁 173-190。

黃銘傑（2015），〈地理標示保護之商標法與公平交易法的交錯〉，《月旦法學雜誌》第 245 期，頁 93-118。

中文學位論文

黃千娟（2014），〈論地理來源標示——以標章法為中心〉，國立臺灣大學法律研究所碩士學位論文。

二、英文部分

Books

Kur, A. & Dreier, T. & Luginbuehl, S. (2019). *European intellectual property law: text,* cases and materials (2nd ed.). Edward Elgar Publishing.

Song, X. (2021). *The Protection of Geographical Indications in China: Challenges of Adopting the European Approach.* Kluwer Law International B. V.

Book Chapters

Gervais, D. J. (2014). A Cognac after Spanish Champagne? Geographical indications as certification marks. In Dreyfuss, R. & Ginsburg, J. (eds.), *Intellectual Property at the Edge: The Contested Contours of IP, Cambridge Intellectual Property and Information Law* (pp. 130-156). Cambridge University Press.

Gangjee, D. S. (2017). From Geography to History: Geographical Indications and the Reputational Link'. In: Calboli, I. & Ng-Loy, W. L. (eds.), *Geographical Indications at the Crossroads of Trade, Development, and Culture in the Asia-Pacific.* Cambridge University Press.

Hari, A. S. & Raju, K. D. (2022). Free Trade Agreements and Geographical Indications Standards in Asia. In: Bhattacharya, N. S. (ed.), *Geographical Indication Protection in India: The Evolving Paradigm* (pp. 49-73). Springer Singapore. https://doi.org/10.1007/978-981-19-4296-9.

Handler, M. (2016). Rethinking GI extension. In: Gangjee, D. S. (ed.), *Research Handbook on Intellectual Property And*

Geographical Indications (pp. 146-182), Edward Elgar.

O'Connor, B. & Bosio G. (2017). The Global Struggle between Europe and United States over Geographical Indications in South Korea and in the TPP Economies. In: Caenegem, W. V. & Cleary. J. (eds.), *The Importance of Place: Geographical Indications as a Tool for Local and Regional Development* (pp.47-79). Springer Cham.

Periodics

Biswas, M. (2021). TRIPS Agreement and Extended Protection of Geographical Indications. *International Journal of Law Management & Humanities, 4*(2), 2872-2878.

Beresford, L. (2007). Geographical Indications: The Current Landscape. *Fordham Intell. Prop. Media & Ent. L. J.*, 17(4), 979-997.

Brauneis, R. (2010). Geographic trademarks and the protection of competitor communication. *The Trademark Reporter, 96*(4), 782-849.

Calboli, I. (2006). Expanding the Protection of Geographical Indications of Origin Under Trips: Old Debate or New Opportunity?. *Marquette Intellectual Property Law Review, 10*, 181-203.

Chen, J. (1996). A Sober Second Look at Appellations of Origin:

How the United States will Crash Frances's Wine and Cheese Party. *Minnesota Journal of Global Trade, 151*, 29-64.

Crescenzi, R. & Filippis, F. & Giua, M. & Vaquero-Piñeiro, C. (2022). Geographical Indications and local development: the strength of territorial embeddedness, *Regional Studies, 56*(3), 381-393.

Curzi, D. & Huysmans, M. (2022). The Impact of Protecting EU Geographical Indications in Trade Agreements. *American Journal of Agricultural Economics, 104*(1), 364-384.

Harvey, P. D. (2017). Geographical indications: the united states' perspective. *The Trademark Reporter, 107*(5), 960-979.

Heal, P. J. (1996). Trademarks and Geographical Indications: Exploring the Contours of the TRIPS Agreement. *Vanderbilt Journal of Transnational Law, 29*(3), 635-660.

Hughes, J. (2006). Champagne, feta, and bourbon: the spirited debate about geographical indications. *Hastings Law Journal, 58*(2), 299-386.

Johnson, R. & Schwarzenberg, A. B. (2020). *U.S.-EU Trade Agreement Negotiations: Trade in Food and Agricultural Products*. Congressional Research Service Report.

LaFrance, M. (2004). Innovations palpitations: the confusing status of geographically misdescriptive trademarks. *Journal of Intellectual Property Law, 12*(1), 125-150.

Mantrov, V. (2018). Do you Prefer Scotch or German Whisky? CJEU Judgement in the Scotch Whisky and Glen Buchenbach Dispute. *European Journal of Risk Regulation, 9*(4), 719-729.

Monten, L. (2006). Geographical indications of origin: should they be protected and why an analysis of the issue from the U.S. and EU perspectives. *Santa Clara Computer & High Technology Law Journal, 22*(2), 315-350.

Nation, E. (2011). Geographical Indications: The International Debate Over Intellectual Property Rights for Local Producers. *University of Colorado Law Review, 82,* 959-1008.

Rubino, V. (2017). From "Cambozola" to "Toscoro": The Difficult Distinction between "Evocation" of a Protected Geographical Indication, "Product Affinity" and Misleading Commercial Practices. *European Food and Feed Law Review, 12*(4), 326-334.

Smit, M. B. (2017). (Un)common law protection of certification marks. *Notre Dame Law Review, 93*(1), 419-441.

Verbeeren, M. & Vrins, O. (2021). The protection of PDOs and PGIs against evocation: a 'Grand Cru' in the CJEU's cellar?. *Journal of Intellectual Property Law & Practice, 16*(4-5), 316-330.

Zanzig, L. (2013). The perfect pairing: protecting u.s. geographical indications with sino-american wine registry. *Washington*

Law Review, 88(2), 723-758.

Research Project

Wang, X. (2020). *A Comparative Analysis of the Transatlantic Controversy over Geographical Indications*. Stanford-Vienna Transatlantic Technology Law Forum, 53.

Conference Papers

O'Brien, V. (1997). *Protection of the Geographical Indications in the United States of America, in Symposium on the International Protection of Geographical Indications in the Worldwide context*. Symposium on the international protection of geographical indications in the worldwide context [Conference presentation]. 24-25 October 1997 organized by World Intellectual Property Organization (WIPO) in cooperation with the Hungarian Patent Office, Eger (Hungary).

Documents of International Organizations

Report by the Director-General (May 18, 2005). *Issues Related to the Extension of the Protection of Geographical Indications Provided for in Article 23 of the TRIPS Agreement to Products other than Wines and Spirits*, World Trade Organization -

General Council Trade Negotiations Committee, WT/GC/
W/546.

Online References

Alcohol and Tobacco Tax and Trade Bureau (TTB). *Wine Appellations of Origin, Authorized Wine Appellations of Origin.*
https://www.ttb.gov/appellations-of-origin#definition. (Last visited: 04.08.2023)

Buxton, I. (April 21, 2021). *Scotch Whisky Association – guardian or bully?*, Master of Malt Blog.
https://www.masterofmalt.com/blog/post/scotch-whisky-asso
ciation-guardian-or-bully.aspx. (Last visited: 04.08.2023)

Chan, A. (April 28, 2022). *Saanich distillery settles dispute with Scotch Whisky Association.* Vancouver Island.
https://vancouverisland.ctvnews.ca/saanich-distillery-settles-
dispute-with-scotch-whisky-association-1.5878811. (Last visited:
04.08.2023)

Walker, P. A. (February 4, 2022). *Canadian distiller considers EU trade complaint over Scotch Whisky Association threat.*
insider.co.uk.
https://www.insider.co.uk/news/canadian-distiller-considers-
eu-trade-26137293. (Last visited: 04.08.2023)

European Commission. *Quality scheme explained.*
https://ec.europa.eu/info/food-farming-fisheries/food-safety-and-quality/certification/quality-labels/quality-schemes-explained_en. (Last visited: 04.08.2023)

European Commission (August 28, 2003). WTO talks: EU steps up bid for better protection of regional quality products. Press release IP/03/1178.
https://ec.europa.eu/commission/presscorner/detail/en/IP_03_1178. (Last visited: 04.08.2023)

Hutchins, A. (June 29, 2021). *'Big Scotch' is going after this Canadian distiller for naming his whisky after himself.* Maclean's.
https://www.macleans.ca/economy/business/macaloneys-caledonian-distillery/. (Last visited: 04.08.2023)

Hopkins, A. (June 11, 2018). *SWA takes German single malt to court over 'Glen' title.* The Spirit Business.
https://www.thespiritsbusiness.com/2018/06/swa-takes-german-single-malt-to-court-over-glen-title/?edition=asia. (Last visited: 04.08.2023)

Scotch Whisky Association (January 20, 2022). *Decision over Glen Buchenbach upheld by appeal court.* Scotch Whisky Association.
https://www.scotch-whisky.org.uk/newsroom/decision-over-

glen-buchenbach-upheld-by-appeal-court/. (Last visited: 0 4.08.2023)

Watson, K. W. (2016). *Reign of Terroir: How to Resist Europe's Efforts to Control Common Food Names as Geographical Indications*. CATO Institute Policy Analysis.
https://www.cato.org/policy-analysis/reign-terroir-how-resist-europes-efforts-control-common-food-names-geographical. (Last visited: 04.08.2023)

國家圖書館出版品預行編目（CIP）資料

地理標示：保護趨勢與國際辯論/吳靖方著. -- 初
　版. -- 臺北市 ： 元華文創股份有限公司，
　2023.07

　面 ； 　公分

　　ISBN 978-957-711-318-4 (平裝)

　1.CST: 商標法 2.CST: 公平交易法

587.3　　　　　　　　　　　　　112009064

地理標示—— 保護趨勢與國際辯論

吳靖方 著

發 行 人：賴洋助
出 版 者：元華文創股份有限公司
聯絡地址：100 臺北市中正區重慶南路二段 51 號 5 樓
公司地址：新竹縣竹北市台元一街 8 號 5 樓之 7
電　　話：(02) 2351-1607 　　傳　　真：(02) 2351-1549
網　　址：www.eculture.com.tw
E - m a i l：service@eculture.com.tw
主　　編：李欣芳
責任編輯：立欣
行銷業務：林宜葶
出版年月：2023 年 07 月 初版
定　　價：新臺幣 400 元

ISBN：978-957-711-318-4 (平裝)

總經銷：聯合發行股份有限公司
地　　址：231 新北市新店區寶橋路 235 巷 6 弄 6 號 4F
電　　話：(02)2917-8022 　　傳　　真：(02)2915-6275